AF238014

VOCES DEL SUR GLOBAL

UNA CRÓNICA DE 2023

Editor
Arquitectura Viva SL
Calle Aniceto Marinas 32
E-28008 Madrid, España
Tel: (+34) 915 487 317
AV@ArquitecturaViva.com
ArquitecturaViva.com
Impresión
Estugraf
Imagen de cubierta
Peregrinos durante el festival
Kumbh Mela en Allahabad (India)
© dbtravel / Alamy

Precio en España: 9,90 €
Depósito legal: M-1826-2024
ISBN: 978-84-127968-4-1

9 788412 796841

Índice

Voces del Sur Global

Una crónica taquigráfica

El año de la inteligencia artificial y de la guerra de Gaza ha sido también el que ha dejado oír con mayor nitidez las voces del Sur Global. Tras un año de empleo universal de ChatGPT, la IA se perfila en el horizonte como un avance tecnológico extraordinario que va a cambiarlo todo, en un proceso de mutación social y económico esmaltado de riesgos civilizatorios; y tres meses después del ominoso ataque de Hamás contra Israel, la devastación bélica de la Franja de Gaza ha abierto un abismo geopolítico cuyo ciclo de acción-reacción alimenta a la vez el antisemitismo emboscado en tantas sociedades y la islamofobia latente en muchos destinos migratorios. Junto con estos acontecimientos con fecha, la emergencia de un Sur Global alejado en sus prioridades e intereses de los propios de Occidente es un fenómeno más borroso, pero no menos esencial, y que se materializa en cada coyuntura con aristas más afiladas. Ya en 2022 la guerra de Ucrania fue percibida por muchos países como un conflicto entre Estados Unidos y Rusia que no les afectaba directamente, y sobre el cual no necesitaban tomar partido, y en los últimos compases de 2023 un número todavía superior de naciones han percibido en las decisiones sobre Gaza una muestra nítida del doble rasero moral de Occidente.

Algunos protagonistas del Sur Global han vivido jornadas singulares: Brasil vio el tránsito de Bolsonaro a Lula, y Argentina de Alberto Fernández a Javier Milei, pero el protagonismo de los dos grandes países sudamericanos se vio lastrado por graves desafíos ambientales y económicos; en contraste, la Turquía de Erdogan celebró su centenario con un creciente aplomo internacional, Arabia Saudí y los regímenes del Golfo hicieron valer su prosperidad petrolera a través de la proyección que otorga el deporte, y la India de Modi se convirtió en la nación más poblada del planeta, y acaso aquella que con más convicción reclama su peso geopolítico. Entre todas las voces, la de China fue inevitablemente la más escuchada, por más que la estricta gestión de la pandemia, las cortapisas a sus empresas tecnológicas y la amenazante burbuja inmobiliaria hayan frenado su imparable auge, lo que no le impidió promover la ampliación de los BRICS (Brasil, Rusia, India, China y Sudáfrica) a Argentina, Arabia Saudí, Irán, Etiopía, Egipto y los Emiratos Árabes Unidos, para formar un bloque ideológicamente independiente de las democracias occidentales, a su vez amenazadas desde dentro por el ascenso iliberal.

La fractura política del mundo, y la revisión de las redes logísticas para enfrentarse a emergencias pandémicas o bélicas, han hecho retroceder la hiperglobalización de la década pasada, valorando la seguridad de suministro por encima de la reducción de costes. El impacto de los precios o de la escasez han incrementado la insatisfacción y la desigualdad, exacerbando los movimientos populistas en los países centrales y acelerando los flujos migratorios en los territorios periféricos, donde a las convulsiones provocadas por los conflictos se ha sumado el impacto climático de sequías y hambrunas. En este contexto de inestabilidad, la COP28 se reunió en Dubái, y la experiencia de celebrar una cumbre del clima en un país petrolero dio pie a una declaración final en que se insta a prescindir gradualmente de los combustibles fósiles, pero esa decisión tiene solo el valor que le otorgue su cumplimiento por las partes.

En nuestro ámbito más próximo, Europa ha experimentado retrocesos en su cohesión interna, y las esperanzas suscitadas por la reacción comunitaria a la crisis pandémica de la covid-19 y a la energética de la guerra de Ucrania han tenido el reverso sombrío de la división ante el enfrentamiento entre Israel y Palestina, o del temor ante la pérdida de la protección militar estadounidense que podría suponer su atención prioritaria al Pacífico en el contexto de la pugna con China por la hegemonía, un temor acentuado por la imprevisibilidad geopolítica de un segundo mandato de Donald Trump. Protegido ahora de forma más precaria por la Unión Europea, y ello tanto en el terreno de la seguridad como en el institucional y el económico, nuestro país ha visto incrementarse la división ideológica y política, haciendo más frágiles las estructuras sociales que aseguran la convivencia, y perjudicando la competitividad en un entorno internacional cada vez más exigente.

Descendiendo al campo específico de la arquitectura, iniciativas urbanas titánicas como la nueva capital administrativa egipcia o la ciudad lineal saudí avanzaron en sintonía con las megaurbes asiáticas o las urbanizaciones edulcoradas americanas, y el planeta contempló la culminación de la cuota anual de edificios emblemáticos, entre los cuales no pueden dejar de mencionarse el Museo de Arte Moderno de Estambul, diseñado por Renzo Piano; la Biblioteca Nacional de Israel en Jerusalén, obra de Herzog & de Meuron; el Museo de la Ciencia Ficción en Chengdú, realizado por Zaha Hadid Architects; o la ampliación del Museo de Historia Natural en Nueva York, ejecutada por Studio Gang.

Pero en buena parte de las zonas prósperas del mundo, el incremento de los precios inmobiliarios, producido por los costes de energía y materiales tanto como por la presión turística sobre los centros urbanos, dio lugar a tensiones en el mercado de la vivienda, colocando a este de nuevo en el horizonte de atención de reguladores, promotores y arquitectos. El alojamiento informal, en todo caso, siguió protagonizando la creación de tejido urbano, y las infraestructuras sanitarias y educativas —entre las cuales la Escuela de Niñas en Jaisalmer, proyectada por Diana Kellogg, y la Escuela Wayair en Ulyankulu, levantada por JEJU.studio—continuaron siendo la inversión más rentable para mejorar la calidad de vida de las poblaciones y las expectativas personales de sus niños y sus jóvenes.

La cosecha de premios de 2023 es reveladora, y muestra las prioridades contemporáneas en el terreno de la arquitectura, donde cuestiones como el género, la raza o el compromiso social tienen un peso superior al del éxito profesional, la innovación formal o la excelencia artística. Un caso aparte es el estadounidense Pritzker, que se ha permitido premiar a un gran arquitecto icónico, David Chipperfield, mientras el japonés Praemium Imperiale añadió a su lista el nombre de Francis Kéré. La Medalla del RIBA eligió este año a la arquitecta paquistaní Yasmeen Lari; la del AIA a Carol Ross Barney, fundadora de Chicago Women in Architecture; los Women in Architecture Awards recayeron en Kazuyo Sejima y Phyllis Lambert; y el Premio Charlotte Perriand se otorgó a Frida Escobedo. Por su parte, la Medalla de la Arquitectura Española se concedió a César Portela, la Soane a Anne Lacaton y Jean-Philippe Vassal, y el León de Oro de la Bienal veneciana fue entregado por su comisaria, la sudafricana Lesley Lokko, al artista y diseñador nigeriano Demas Nwoko, confirmando que los valores de la época son muy distintos a los vigentes hace solo una década.

Mayor continuidad con la convención tienen los premios otorgados a edificios, y aunque en muchos se advierte el latido de lo nuevo, la renovación no es tan radical como en aquellos que homenajean trayectorias. Así sucede en el Premio Mies americano, otorgado a la ampliación del Museo Anahuacalli, realizada por Mauricio Rocha en Coyoacán; en el Stirling, que se adjudicó al centro de día John Morden, proyectado por Mae Architects en Londres; o en el FAD, concedido al madrileño Colegio Reggio de la Office for Political Innovation (Andrés Jaque) y a la barcelonesa Biblioteca Gabriel García Márquez de SUMA arquitectura (Elena Orte y Guillermo Sevillano), dos obras de contenido social, espíritu innovador y excelencia material.

Ver desaparecer a quienes nos han acompañado en nuestro trayecto vital nos advierte que las campanas doblan por nosotros, y esta percepción se hace más nítida cada año que pasa. A diferencia de los premios, que procuran compensar desigualdades históricas, en la lista de pérdidas hay pocas mujeres: la arquitecta Renée Gailhoustet, la socióloga Monique Eleb-Vidal y la paisajista Harriet Pattison, que muchos recordarán por su vínculo con Louis Kahn. Ha sido un año triste para la historia y la crítica de la arquitectura, porque al gran conocedor de Rusia y de Le Corbusier Jean-Louis Cohen deben sumarse el historiador Anthony Vidler, el crítico Peter Buchanan, el teórico de la autoconstrucción John Turner y el pionero del significado en arquitectura George Baird. Entre los grandes nombres de arquitectos desaparecidos en el ejercicio deben mencionarse los del indio Balkrishna Doshi, el italiano Vittorio Garatti, el estadounidense Eugene Kohn, el uruguayo asentado en Nueva York Rafael Viñoly, el británico Michael Hopkins, el canadiense de origen japonés Raymond Moriyama, el israelí de origen polaco Zvi Hecker y el italiano Andrea Branzi.

Y con una dimensión pedagógica y teórica, durante el año lamentamos la pérdida del suabo Arno Lederer, del romano Paolo Portoghesi y del luxemburgués Rob Krier, mientras entre los españoles no podemos olvidar al donostiarra Miguel Garay, al gaditano Manuel Paredes Grosso, al segoviano José Miguel Merino de Cáceres, al zaragozano José Manuel Pérez Latorre, al bogotano Andrés Perea, profesor carismático en la Escuela de Arquitectura de Madrid, y al ingeniero humanista Julio Martínez Calzón, especialista en estructuras mixtas y constructor de innumerables puentes.

Doce meses

La multitud y el marco

Enero: la revuelta de Brasil

En una nueva epifanía del malestar, una multitud eligió como marco de su protesta una arquitectura simbólica. El 6 de enero de 2021, los partidarios de Trump asaltaron el Capitolio de los Estados Unidos para intentar anular el resultado de las elecciones que llevaron a Biden a la Casa Blanca; y el 8 de enero de 2023, los seguidores de Bolsonaro irrumpieron en el Congreso Nacional brasileño para procurar que se cancelase la victoria de Lula. Los dos mayores países de América, que con 332 y 210 millones de habitantes suponen más de la mitad de la población del continente, expresaron así la trágica división ideológica, política y emocional que está produciendo el deterioro de la legitimidad y la erosión de las instituciones, un proceso que se manifiesta también en varios países europeos, incluyendo el nuestro. El colapso de los partidos históricos en Italia o Francia, o las disfunciones de la hasta ahora ejemplar democracia británica, tienen su eco en la creciente polarización de la esfera pública española, que si llegó a conocer el hostigamiento de sedes parlamentarias en Madrid o Barcelona, experimenta hoy una degradación del diálogo en su interior.

La belleza de las imágenes que muestran a una muchedumbre uniformada con los colores de la bandera y dispuesta en las rampas y plataformas del Congreso como el coro de una ópera titánica no debe confundirnos, porque esa misma seducción puede hallarse en las concentraciones nazis de Núremberg, con los fotógrafos de prensa asumiendo hoy el papel de Leni Riefenstahl y la arquitectura material de Oscar Niemeyer suministrando el orden visual que en el Zeppenlinfeld se obtenía con la disciplina militar y la Catedral de luz de Albert Speer. Las turbas que en la plaza de los Tres Poderes asaltaron también el Tribunal Supremo y el Palacio de Planalto, que alberga la Presidencia de la República, ofrecieron también imágenes de vandalismo que no pueden competir con la eficacia plástica de las coronadas por la cúpula del Senado o el vaso exacto de la Cámara de Diputados, y no puede sorprender que fueran estas las elegidas para las portadas de los periódicos del mundo, pero la estetización de la protesta tumultuaria y antidemocrática recuerda la ominosa calificación de sublime que alguien atribuyó a la orquestación de los atentados criminales del 11 de septiembre.

Con todo, la percepción de grandes obras de arquitectura invadidas por la multitud tiene un atractivo que contrasta con su demasiado frecuente presentación como objetos o espacios vacíos, esculturas hieráticas y heladas que apenas hacen adivinar su papel como escenarios de la vida. Así, nos ha fascinado ver la Facultad de Arquitectura y Urbanismo de la Universidad de São Paulo, la obra maestra de João Vilanova Artigas y Carlos Cascadi, llena a rebosar de estudiantes que se hacinan para participar en una asamblea, y nos ha seducido igualmente contemplar la imagen de la Casa del Fascio de Como, la mejor realización de Giuseppe Terragni, como telón de fondo de una colosal concentración que escucha a Mussolini proclamar por los altavoces la anexión de Abisinia, y ello pese al opuesto contenido de los dos episodios, y pese también a la conocida manipulación de la segunda de las fotografías. Aquellas multitudes enmarcadas por arquitecturas eximias son ya solo un testimonio histórico, pero las que hoy llegan a pantallas y portadas son la representación de una fractura social y una advertencia cautelar sobre la fragilidad de las democracias.

Asalto al Congreso Nacional de Brasil por partidarios de Jair Bolsonaro © Eraldo Peres / AP

Peregrinos durante el festival religioso Kumbh Mela en Allahabad (India) © dbtravel / Alamy

Una India infinita

Febrero: el 'sorpasso' demográfico

Este país-continente es ya el más poblado del mundo. Mientras la humanidad alcanzaba la cota de los 8.000 millones, India superaba a China en habitantes, mostrando una pujanza demográfica que contrasta con el declive del País del Centro, que por primera vez en sesenta años ha visto disminuir su además envejecida población. La India, con más de dos tercios de sus 1.400 millones de habitantes en edad laboral, es la quinta economía del mundo, por delante de su antigua metrópoli, el Reino Unido, y en esta década probablemente superará a Japón y Alemania para ser la tercera, solo detrás de Estados Unidos y China. Este auge colosal, que sin embargo coexiste con elevados niveles de pobreza, contaminación y corrupción, ha impulsado su emergencia en la escena política internacional como una gran potencia defensora del multilateralismo, equidistante de Washington y Moscú como principal líder del sur global, mientras en el ámbito doméstico el Gobierno de Narendra Modi reemplaza el secularismo pluralista que Nehru defendió desde la independencia con un impositivo nacionalismo hindú.

El *sorpasso* demográfico del dragón por el elefante ha puesto el foco sobre una civilización que, junto con la de China, ha sido el centro del desarrollo de la humanidad hasta la Revolución Industrial, y que hoy se recupera, como su vecino del norte, de un prolongado período de decadencia y sometimiento. Tanto la juventud de su población como el empeño estadounidense en desacoplarse de Pekín hacen verosímil que India sustituya a China como *hub* manufacturero mundial, en un contexto de 'globalización por invitación' donde las cadenas de suministro se fragmentan geopolíticamente, y donde la realpolitik de ese autócrata electo que es Modi le permite formar parte de la alianza Quad con Estados Unidos, Australia y Japón, y al mismo tiempo evitar sancionar a Rusia, que le sigue suministrando petróleo, carbón y fertilizantes a buen precio: un favorable contexto internacional al que se unen sus fortalezas internas, la excelencia de la educación, la cualificación de sus élites técnicas y el espíritu emprendedor que otorga al país el tercer puesto mundial en el ecosistema de las *startups*.

La liberación de la economía a partir de 1990 ha transformado radicalmente el país, que ya no se asocia exclusivamente a la espiritualidad y al subdesarrollo, avanzando —como ha descrito el filólogo Òscar Pujol— «con el trote lento de un majestuoso elefante». La India de Kipling o de E. M. Forster fue en nuestra infancia la de Rabindranath Tagore, que leíamos en las traducciones de Zenobia Camprubí, y después la de Salman Rushdie, Vikram Seth o Arundhati Roy, a cuyo dios de las pequeñas cosas nos hemos encomendado tantas veces los que compartíamos sus inquietudes sociales y ambientales: una India mítica y literaria que en la percepción de los arquitectos se compadece mal con las grandes obras de maestros como Le Corbusier o Kahn, y solo parcialmente con las construcciones de Balkrishna Doshi, Charles Correa o Raj Rewal, pero que brilla con luz propia en los barrios informales que estudia Rahul Mehrotra, en las obras artesanales de Bijoy Jain o en los pabellones orgánicos de Anupama Kundoo, habitados todos por ese dios de las cosas pequeñas en un país muy grande.

La humanidad inhumana

Marzo: El Salvador de Bukele

La distopía existe, y está en El Salvador. En este pequeño país centroamericano, de abrupta geografía sobre el Pacífico, un clima tropical y la densidad de población más alta del continente, la presidencia de Nayib Bukele ha puesto en marcha un experimento social insólito, arcaico y futurista a la vez. Tradicional en sus valores morales, que excluyen el aborto o la eutanasia, y visionario en la adopción del bitcoin como moneda de curso legal y emblema de una nueva ciudad que quiere hacer del país un Singapur con volcanes, el régimen autoritario y populista de este presidente *millennial* está construyendo una distopía respaldada por la opinión y las urnas. Aunque se le ha comparado con Trump y Bolsonaro, el mandatario salvadoreño no ha fracturado el país, sino que lo ha aglutinado en torno a su síntesis posmoderna de demagogia caudillista y revolución digital. De ascendencia palestina y experiencia empresarial, alcalde de la capital bajo la bandera izquierdista del Frente Farabundo Martí de Liberación Nacional, Bukele llegó a la presidencia a los 37 años con mayoría absoluta y el prestigio carismático que le permitió fundar su propio partido.

El Salvador sufre el azote de las pandillas violentas, que han causado 120.000 muertes en los treinta años transcurridos desde el fin de la guerra civil en 1992, un conflicto con un balance de 75.000 víctimas y la instauración de un régimen bipartidista liquidado en 2019 por el ascenso a la cúspide de Bukele, cuya primera medida fue enfrentarse a los 70.000 miembros de las maras a través del Plan de Control Territorial, que incluía una megacárcel —construida en menos de siete meses— para 40.000 reclusos. El país, que llegó a tener más de 100 homicidios por 100.000 habitantes, ha reducido la tasa a 7,8 en 2022, pero esta mejora se ha logrado mediante un estado de excepción reiteradamente prorrogado que suspende garantías constitucionales, y con la brutal disciplina que muestran las imágenes difundidas por el Gobierno, donde los cuerpos tatuados y la cabeza rapada de los pandilleros evocan a la vez el horror del matadero industrial y la pesadilla de un infierno zombi: ese ejército derrotado y desnudo es un acta de acusación para una sociedad donde tantos jóvenes no encuentran otra fraternidad que la de las siniestras maras de la tinta.

Y en vertiginoso contraste con este paisaje humano de desesperación y deterioro, el país construye su reverso digital con un proyecto onírico, una ciudad circular a los pies del volcán Conchagua, diseñada por el arquitecto mexicano Fernando Romero y bautizada como Bitcoin City, ya que espera atraer a empresas tecnológicas vinculadas a las criptomonedas, a las que se ofrece exención de impuestos y la posibilidad de desarrollar la minería monetaria digital usando la energía de la actividad volcánica, que también alimentaría a la propia urbe. La ciudad, promovida junto al denominado Aeropuerto Internacional del Pacífico y un puerto marítimo, se financiaría con los 'bonos volcán' en bitcoins, pero tanto la volatilidad de las criptomonedas como la rebaja en la calificación del riesgo del país arrojan sombras sobre esta propuesta de ciencia ficción, el proyecto estrella del presidente Bukele. Entre esta Nueva Jerusalén digital y la Babilonia satánica del Centro de Confinamiento del Terrorismo, El Salvador ofrece un espejo oscuro donde contemplar unos tiempos que no hacen sencillo separar los sueños utópicos de los monstruos distópicos.

Traslado de miembros de las maras al Centro de Confinamiento del Terrorismo © Gobierno de El Salvador

Marismas del Guadalquivir © Héctor Garrido

Paisajes probables

Abril: cambio climático y biodiversidad

El paisaje es producto de la acción humana. No sabemos cuál será el futuro del entorno modelado por la emergencia climática, pero sí sabemos que esos paisajes habrán sido conformados por decisiones voluntarias. La deforestación de Haití a través de las talas para producir carbón vegetal contrasta con la protección de los bosques en la República Dominicana, y la frontera entre los dos países es un nítido alegato político y ambiental. Al iniciarse la cálida primavera de 2023, el Grupo de Expertos en Cambio Climático ha publicado su sexto informe de evaluación, cuyas dramáticas conclusiones deben servir de base para la COP28 que se celebrará a finales de año en Dubái: una cumbre de la ONU que ojalá asuma la urgencia del momento, tras las decepcionantes COP26 de Glasgow en 2021 y COP27 de Sharm el-Sheij en 2022. Han transcurrido tres décadas desde la primera reunión en Berlín, y solo la COP21, que cristalizó en el Acuerdo de París de 2015, parece justificar el esfuerzo de revisar las publicaciones científicas y congregar a una multitud de especialistas y políticos para establecer las medidas de mitigación y adaptación que reclama este reto planetario.

Pero junto al clima, que es el gran protagonista del debate, la biodiversidad merece mencionarse como otro soporte del paisaje, y otro motivo de alarma para la humanidad. Ambos asuntos fueron objeto de convenios en la Cumbre de la Tierra que se celebró en Río en 1992, y ambos se han desarrollado a través de Conferencias de las Partes (COP), que a través de sus siglas se han extendido del lenguaje burocrático de los organismos internacionales a la comunicación general. Sin embargo, si las COP del clima obtienen amplia cobertura en los medios, las COP de la biodiversidad pasan casi inadvertidas, y la COP15 realizada en diciembre de 2022 en Montreal no ha recibido atención suficiente, por más que sus acuerdos para orientar las acciones mundiales en favor de la naturaleza merezcan calificarse de históricos. Presidida por China y organizada por Canadá, la conferencia adoptó el Marco Kunming-Montreal que propone la protección del 30% del planeta y la restauración del 30 % de los ecosistemas degradados para el año 2030, y con ese objetivo 30x30 la ONU ha aprobado en marzo el Tratado Global de los Océanos, que protege ese porcentaje de las aguas internacionales.

El convenio marco de la COP15 persigue también evitar la pérdida de áreas de gran importancia y alta integridad ecológica para la biodiversidad, y ello incluye humedales españoles como Doñana, las Tablas de Daimiel, el delta del Ebro, la Albufera o los asociados al Mar Menor, que deberían abordarse mediante acuerdos institucionales que los rescaten de la contienda política y el forcejeo electoral. Esos paisajes de gran riqueza biológica han sido moldeados por la geografía y el clima, pero igualmente por la intervención humana, y si tanto el calentamiento global y las reiteradas sequías como la explotación de acuíferos y la degradación producida por la actividad agrícola los ponen en riesgo, corresponde a nuestra decisión colectiva establecer prioridades y límites. Muchos descubrimos la belleza violenta del paisaje fractal de las marismas de Doñana con una película, *La isla mínima,* y sabemos que la defensa de estas áreas es un objetivo biológico, pero también estético: los paisajes probables de nuestro futuro común serán una geografía voluntaria que dará testimonio de nuestra responsabilidad ética y, en igual medida, de nuestra voluntad de proteger la belleza.

Laureles de mayo

Mayo: Norman Foster y David Chipperfield

Dos arquitectos británicos con fundaciones en España fueron celebrados durante el mes de mayo: Norman Foster inauguró la mayor retrospectiva de su obra en el Pompidou parisino, y David Chipperfield recibió el Premio Pritzker en el ágora de Atenas. Ambos eventos fueron también celebraciones complementarias de la arquitectura europea, que pese al declive económico y demográfico del continente sigue mostrando una densidad intelectual y estética difícil de hallar en otras regiones del planeta. Los sesenta años de carrera de Foster dibujan un trayecto de reiterada anticipación del futuro, consciente de que lo único permanente de nuestras vidas es el cambio; y los cuarenta años de trayectoria de Chipperfield trasladan un empeño testarudo por proteger el pasado, atento siempre a la continuidad en nuestros edificios y ciudades. Innovación y tradición coexisten en el espíritu de un continente cuyo rico acervo patrimonial no le impide proyectarse hacia el porvenir, y es seguramente simbólico que la muestra parisina se realizara en la obra que mejor ha expresado la ambición visionaria de la arquitectura, y la ceremonia ateniense, en el marco histórico que más elocuentemente resume las raíces culturales y políticas de la democracia europea.

El 9 de mayo es el día de Europa por ser esta la fecha de 1950 en que se hizo pública la Declaración Schuman, primer paso hacia una integración europea basada en el doble pilar de la paz y la solidaridad, y aunque la inauguración de la exposición de Foster fue precisamente ese día, ninguna de las autoridades francesas intervinientes mencionaron en sus discursos esta coincidencia, que habría permitido glosar lo estimulante de reunirse en París en un edificio diseñado por un italiano y un británico, subrayando de qué manera la arquitectura da forma y prefigura el sueño europeo. Por su parte, el galardón de Chipperfield se entregó en presencia del primer ministro de Grecia, cuya esposa aprovechó la presencia de numerosos ciudadanos del Reino Unido para reclamar desde la tribuna la devolución de los mármoles de Elgin —las esculturas del Partenón que hoy se exponen en el Museo Británico de Londres—, y para sugerir que el Pritzker se otorgue a un arquitecto griego, pero no utilizando la ocasión para felicitarse por los vínculos que entre los europeos genera el mercado común de la arquitectura y los proyectos.

Meses después de la clausura de la muestra colosal de Foster —que solo con la primera sala, que expone un extraordinario conjunto de dibujos, merece ya la visita— el Pompidou cerrará sus puertas durante cinco años, dejando la presentación en París del arte último en manos de dos museos promovidos por magnates de la moda, el retóricamente expresionista construido por Frank Gehry para Louis Vuitton en el Bois de Boulogne y el refinadamente geométrico levantado por Tadao Ando para la Colección Pinault en la histórica Bolsa de Comercio. Atenas, a su vez, espera la remodelación y ampliación de su deslumbrante Museo Arqueológico Nacional, que llevará a cabo el propio Chipperfield con el respeto y la elegancia de que ha dado sobradas pruebas en Berlín; y mientras tanto tiene que sufrir las polémicas intervenciones en la Acrópolis y el desafortunado museo construido a sus pies por Bernard Tschumi. Los laureles de mayo han dejado un sabor agridulce, que enreda los fulgores de los arquitectos celebrados con las penumbras del proyecto europeo.

Norman Foster en París © Elliott Verdier

David Chipperfield en Atenas © Nikolas Kominis

Erik Gunnar Asplund, Biblioteca Pública de Estocolmo, 1924-1928

La belleza moderna

Junio: clasicismos de Estado

Para muchos, este título es un oxímoron. Asociar modernidad y belleza parece tan provocador como escribir 'fuego frío' o 'silencio sonoro'. En fórmula célebre de André Breton, «la belleza [moderna] será convulsa o no será», introduciendo un temblor ajeno a la serenidad conservadora de la belleza clásica, que puede ser violenta o imperfecta, pero respeta siempre la referencia sosegada y narcótica del canon. No es fácil saber 'de qué hablamos cuando hablamos de belleza', pero no cabe duda de que el componente iconoclasta de la modernidad fracturó los códigos estéticos y las continuidades urbanas, abriendo un foso entre las vanguardias y el público que la reacción posmoderna procuró cerrar. En cierto sentido, el respeto por el patrimonio y el paisaje es un logro que se percibe como antimoderno, ya que buena parte de la desnaturalización de ciudades y costas se atribuye a la religión única de un dogmatismo moderno ignorante del contexto. Sin embargo, la transformación del territorio está impulsado por poderosas fuerzas económicas y técnicas, y es en esa modernidad social donde debe buscarse la responsabilidad última de los errores y los logros, más bien que en las opciones estéticas o estilísticas.

La España de las rotondas y de las piscinas es también, como ha documentado el periodista Andrés Rubio, una 'España fea', pero esa urbanidad dispersa es sobre todo una España ecológicamente insostenible, y que no ha sido solo construida por la codicia inmobiliaria, sino por las demandas sociales y la voluntad política. Junto con las muchas agresiones litorales y desventuradas intervenciones en los núcleos históricos, también se ha mejorado significativamente la calidad urbana de los centros y de las periferias, de forma que no cabe hacer un balance catastrofista de las décadas democráticas, que han tenido tantas luces como sombras. Han sido, es cierto, buenos tiempos para la arquitectura, que ha logrado un reconocimiento internacional inédito, y malos tiempos para el urbanismo, que no ha sabido o no ha podido desarrollar instrumentos de control eficaces, pero el origen de estas mudanzas no se encuentra en las convulsiones estéticas de la modernidad, que apenas agitan la superficie del agua: reside en las caudalosas corrientes submarinas que nos arrastran hacia un futuro ignoto.

Nuestras tribulaciones son más urbanas y paisajísticas que arquitectónicas, porque en España —excluyendo el rechazo de Vox a la Nueva Bauhaus Europea— hay un cierto consenso sobre la ciudad compacta, el respeto ambiental y el lenguaje moderno. No ocurre lo mismo en otros lugares, como atestigua la influencia de Roger Scruton en políticos conservadores como el húngaro Viktor Orbán o la italiana Giorgia Meloni, por no mencionar a Theresa May, que promovió la tradición mediante la comisión gubernamental 'Building Better, Building Beautiful'. En Estados Unidos la arquitectura clásica es casi un feudo republicano, y Donald Trump firmó una orden para que todos los edificios federales fueran 'bellos', entendiendo por ello la adopción del lenguaje clásico, inmediatamente revocada por Joe Biden al alcanzar la presidencia. Pero en el mes de junio de 2023 se ha presentado un proyecto de ley —Beautifying Federal Civil Architecture Act— que privilegia la arquitectura clásica y la tradicional frente a la moderna, juzgando que solo aquellas «inspiran el espíritu humano, embellecen los espacios públicos y ennoblecen la nación americana», y señalando dos estilos singulares, el brutalismo y el deconstructivismo, como los que deben siempre evitarse. Oximorónica o no, la belleza moderna sigue siendo piedra de escándalo.

Un reino de arena

Julio: el auge de Arabia Saudí

El reino del desierto construye sobre la arena. Como algunos otros petroestados, Arabia Saudí diversifica su economía para preparar un futuro sin petróleo; como la mayoría de ellos, aborda esta transformación desde el dirigismo de un régimen autocrático; y a diferencia de casi todos —con la posible excepción de Rusia— acompaña la mudanza de modelo con una ambición geopolítica que ha sacudido el tablero de las influencias y los intereses. Desde el deporte al turismo, y desde la ciencia a la cultura, los proyectos visionarios del país se expresan a través de la ostentación de poder político y diplomático, y se materializan mediante un cúmulo de construcciones de escala superlativa financiadas con las rentas del petróleo: sea una ciudad lineal de extraordinaria longitud o un gigantesco rascacielos en forma de cubo, las aventuras inmobiliarias de la casa de Saúd, hoy dirigida por el polémico príncipe Mohamed bin Salmán, no ponen límites a la imaginación, y muestran la escala titánica del plan estratégico que, con el nombre Vision 2030, aspira a levantar en la arena una superpotencia física y simbólica.

Junto al golfo de Áqaba y próxima a Egipto y Jordania, la nueva zona económica Neom se extiende por el desierto desde la costa hasta las montañas. Enhebrada por una ecociudad sin calles ni coches denominada The Line, esta pieza esencial del plan estratégico lleva al extremo la propuesta pionera de Arturo Soria —realizada embrionariamente en la Ciudad Lineal madrileña, e inspiración de la Sotsgorod soviética de Nikolái Miliutin—, construyendo una urbe en forma de línea recta con transporte de alta velocidad que permitirá llegar en solo veinte minutos al punto más lejano de sus 170 kilómetros. Y junto con este proyecto extraordinario que ya ha visto iniciar sus obras, se promueven un gran conjunto de museos en Riad que estimulará visitas diferentes a las que llegan masivamente a La Meca y Medina; un insólito rascacielos cúbico de 400 metros de lado, el Mukaab, orientado al ocio y situado también en la capital del país; o las innumerables construcciones vinculadas a la organización de los Juegos Asiáticos de Invierno en 2029 y a las candidaturas para la Expo 2030 y el mundial de fútbol de ese año.

El propósito anunciado de convertir la liga saudí en una de las diez mejores del mundo, que está tras el fichaje de estrellas como Cristiano o Benzema, la creación de su circuito golfista —LIV Golf, hoy unificado con los PGA y European Tours— o el lanzamiento de un premio de Fórmula 1 en Yeda, son iniciativas deportivas que persiguen mejorar la imagen del país, lo mismo que la autorización de conducir a las mujeres o una moderada liberalización social en la línea de los Emiratos o Catar. Arabia Saudí, que es el mayor exportador y el segundo productor de crudo, tiene también el quinto presupuesto militar del planeta, pero ahora Bin Salmán —dañado por el asesinato del periodista Jamal Khashoggi— procura ejercer el poder blando de la imagen y la diplomacia, alejándose de Estados Unidos y reforzando sus vínculos con una China que acogió la reconciliación con su rival regional Irán, llegando a acuerdos con Rusia y aproximándose a Brasil, a India y a Sudáfrica, las restantes potencias emergentes de los BRICS. El reino de Saúd construye con petróleo sobre arena, y ojalá sean sólidos los cimientos de su tránsito.

Obras del proyecto The Line en la zona económica Neom © Ofskydrone

La barcaza Bibby Stockholm llegando al puerto de Falmouth (Reino Unido) © Matt Keeble

El asilo en vilo

Agosto: refugiados e inmigrantes

La Europa-fortaleza aloja a los migrantes en el mar. El Bibby Stockholm, una gabarra residencial construida en 1976 para usarse como alojamiento alternativo, se ha convertido en un símbolo de la crisis migratoria al atracar en un puerto británico coincidiendo con la presentación por el Gobierno de Rishi Sunak de una ley que dificulta la acogida de refugiados. Pero el Reino Unido, que propone deportar migrantes a Ruanda, no es el único país donde el sistema de asilo está en discusión. Los miembros de la Unión Europea no se ponen de acuerdo sobre el Pacto de Migración y Asilo, ya que muchos de ellos sufren el impacto político y económico de una inmigración ilegal que ha aumentado tras la pandemia, y lo mismo sucede en destinos deseados como los Estados Unidos, con el interminable drama de su frontera sur, o como Australia, que mantiene a los solicitantes de asilo en islas del Pacífico. Sin embargo, la caricatura náutica de la barcaza penitenciaria evoca el reverso ominoso de las pateras del Mediterráneo o los botes del Canal donde los inmigrantes arriesgan su vida huyendo de la guerra o la miseria, y eso la convierte en un emblema de la Europa atrincherada frente a esas multitudes desvalidas.

Esta inmigración es un gran desafío de los países prósperos, que si por una parte necesitan la fuerza laboral que su demografía declinante no suministra, por otra temen la inseguridad creada por el desarraigo, así como la mutación cultural y étnica que los ideólogos nativistas llaman la 'gran sustitución'. Cómo abordar este fenómeno es hoy un elemento clave de la agenda política europea, en Alemania o los Países Bajos, en Italia o Grecia, en Hungría o Polonia, por no hablar de la Francia que ha vuelto a experimentar la explosión de la *banlieue*. Pero junto con estos flujos migratorios no podemos olvidar la dimensión colosal de los desplazados por las guerras o las catástrofes, con frecuencia dentro del propio país o en zonas próximas, y que se calculan en 100 millones de personas. Alojados habitualmente en campamentos que se quieren provisionales y a menudo se mantienen durante años, la población desplazada puede ver su número significativamente incrementado como consecuencia de las sequías o las inundaciones producidas por el cambio climático, que están devastando ya la agricultura de subsistencia en muchas regiones del planeta.

Las cifras no son fáciles de estimar, pero si los pronósticos más apocalípticos aseguran que con un incremento de 4°C en 2100 se habrán hecho inhabitables las zonas donde hoy viven 3.500 millones de personas, un estudio prospectivo del Banco Mundial pronostica que en 2050 entre 44 y 216 millones de africanos, asiáticos, europeos del Este, latinoamericanos o habitantes de las islas del Pacífico se habrán convertido en refugiados climáticos. Buena parte de este movimiento poblacional se materializará en desplazamientos del campo a la ciudad, haciendo más rápido el proceso de urbanización, lo que conlleva un mejor acceso al empleo, a la educación y a la salud, una inevitable mutación cultural y la reducción de la fertilidad, pero que sin duda exige preparar la infraestructura física para atender a los que llegan, con escuelas, centros de salud, transporte y alojamiento. El desafío arquitectónico y urbanístico es al cabo tan importante como el político o social, y si las personas desplazadas por los conflictos, los desastres o el clima merecen alojarse en 'hogares esenciales' que protejan sus vidas cotidianas, los migrantes económicos y los demandantes de asilo político no deberían marginarse en lazaretos flotantes que lesionen su dignidad y avergüencen a los que los acogen.

Türkiye Modern

Septiembre: Piano en Estambul

La República de Turquía celebra su centenario en 2023. Fundada por Atatürk sobre las ruinas del Imperio otomano, y dirigida desde hace dos décadas por Recep Tayyip Erdogan, la nación sufrió en febrero terremotos que causaron más de 50.000 víctimas, un desastre acaso agravado por la amnistía sísmica de 2019, y que sumado a la actual crisis económica no impidió en mayo la reelección de un presidente carismático y autoritario. Pocas semanas después de la cita con las urnas se inauguró la nueva sede de Istanbul Modern, levantada por Renzo Piano para un museo fundado en 2004 como el primero de arte moderno y contemporáneo del país, y la obra es un elocuente manifiesto de la voluntad social y cultural de integrarse en la modernidad. Aunque la reislamización de la Anatolia con un millar de nuevas mezquitas pagadas con dinero saudí o el debilitamiento de la independencia de las instituciones arrojan sombras sobre el rumbo de Turquía, el vigor secular de urbes vibrantes como Estambul o Ankara evidencia una fortaleza moderna que no contradice la decisión de adoptar el nombre 'Türkiye' para evitar equívocos anglosajones.

Actor geopolítico clave, miembro de la OTAN y a la vez socio estratégico de Rusia —que le suministra casi la mitad de su consumo de gas, y cuya empresa estatal Rosatom ha construido y financiado la primera central nuclear turca—, el país es fundamental en conflictos regionales como el necrosado de Chipre con Grecia o el de Siria, que le ha llevado a alojar en campos a casi cuatro millones de desplazados; en negociaciones como la del ingreso de Suecia en la Alianza

Atlántica, que ha autorizado tras conseguir la venta por Estados Unidos de aviones F-16 y tras comprometerse Bruselas a reconsiderar su improbable entrada en la Unión Europea; y en acuerdos como el logrado para la exportación del grano ucraniano, hoy de nuevo en cuestión con consecuencias alimentarias trágicas en África y Oriente Medio. Democracia de participación caudalosa en las elecciones y restricciones múltiples en las libertades políticas, preocupada por la seguridad o la inmigración y tan orgullosa de su pasado como ambiciosa de su futuro, Turquía es una potencia cuya fuerte identidad nacional interpela a los europeos con su condición a la vez conservadora y moderna.

La obra de Piano, que ocupa el emplazamiento original del museo —un antiguo almacén de ribera donde se encuentran el Bósforo y el Cuerno de Oro—, y promovida por una influyente familia local, es tanto un emblema de progreso como un ejemplo del empuje de la iniciativa privada, y en eso semejante al ejemplar centro cultural de la Fundación Niarchos en Atenas, inaugurada en 2016 por el mismo arquitecto, que si entonces se midió con Ictino y Calícrates, en Estambul lo hace con el gran Mimar Sinan, el contemporáneo de Palladio que tanto construyó para Solimán el Magnífico. Levitando su volumen para comunicar visualmente el parque y el barrio medieval de Gálata con el mar, la sede de Istanbul Modern se despliega en niveles unidos por una escalera monumental y un cúmulo de pasarelas de acero que le dan un aire industrial, y se corona con una terraza mirador sobre la lámina de agua de la cubierta. Sostenida por una estructura diseñada por Arup para evitar cualquier riesgo sísmico, la construcción elegante y sobria del genovés es la mejor celebración del centenario de la República, y quizá el mejor icono de la modernidad turca.

Renzo Piano Building Workshop, Museo de Arte Moderno de Estambul © Enrico Cano

Barrio de la ciudad de Gaza bombardeado por la fuerza aérea israelí © Atia Darwish / APA Images

Ciego en Gaza

Octubre: la guerra entre Israel y Hamás

Como Sansón en su cautiverio, Israel está ciego en Gaza. Capturado y cegado por los filisteos, el héroe israelita recuperó su fuerza descomunal para derribar las columnas que sostenían el templo y hacer perecer con él a sus enemigos. La historia bíblica inspiró un poema de John Milton, 'Samson Agonistes', del que proviene el título de la novela de Aldous Huxley, *Eyeless in Gaza,* un texto filosófico que nos describe ciegos ante la identidad y la memoria. Tras el terror trágico del 7 de octubre, el dolor ha cegado a Israel, y se enfrenta a la Franja de Gaza —que un día fue la Filistea de la que proviene el nombre de Palestina— deseando destruir las columnas que sostienen el poder de Hamás, aunque eso suponga la muerte de miles de inocentes y la muerte también de la fibra moral del país que se quiso *Ohr L'Goyim,* luz de las naciones. Si el 7-O ha sido el 11-S de Israel, la experiencia estadounidense en Irak y Afganistán debería despertar a la musa del escarmiento israelí, porque la peor catástrofe en los 75 años de la nación no debería tener como resultado un asedio medieval y una nueva Nakba: como muchos han recordado, Israel no tendrá seguridad mientras los palestinos no tengan esperanza.

La agresión terrorista de Hamás, desde luego, superó todos los límites, incluso para las sensibilidades más encallecidas. El cruel exterminio de hombres, mujeres, niños y ancianos en los kibutz próximos a una verja fronteriza que se creía insalvable, la matanza de jóvenes en una *rave* de música *trance,* o la toma indiscriminada de rehenes conducidos de inmediato al laberinto infernal de los túneles, y todo ello documentado orgullosamente por los propios asesinos, rivaliza en abyección con las peores acciones del ISIS. Ante esto no cabe contraponer la deriva autoritaria del Gobierno de Netanyahu, en poder de ultras religiosos que provocan a los musulmanes en la Explanada de las Mezquitas o protegen a los colonos que han creado en Cisjordania un archipiélago de recintos fortificados, haciendo poco menos que imposible la solución de los dos Estados. Israel tendrá la solidaridad de Occidente, pero tanto su comportamiento reciente como los pasos que puede dar impulsado por el deseo de venganza le harán perder la guerra de la opinión en el sur global, donde hoy se dirime el conflicto geopolítico entre los bloques, y quizá también en unas poblaciones europeas amenazadas por el terrorismo islamista.

En los lugares sagrados de las tres religiones monoteístas «hay mucha historia para tan poca geografía», y en la última etapa todos los esfuerzos por estabilizar el Levante mediterráneo han fracasado. Tras el fiasco de los Acuerdos de Camp David en 1979 y de Oslo en 1994, los de Abraham iniciados en 2020 habían abierto un horizonte de esperanza, porque los Emiratos, Baréin, Sudán y Marruecos normalizaban su relación con Israel, como Egipto había hecho en 1979 y Jordania en 1994, pero el gran pacto con Arabia Saudí se ha frustrado en la estela del 7-O, beneficiando al Irán que financia a Hamás en Gaza y a Hezbolá en el sur del Líbano. Europa, que en esta ocasión ha mostrado su impotencia, se ve rodeada en el mediodía y en el este por una media luna de crisis que se extienden desde el Sahel hasta Libia, Gaza, Siria, el Cáucaso con Nagorno Karabaj o Ucrania, mientras constata su declive demográfico y sufre el impacto de las migraciones irregulares y masivas. Nuestra fortaleza social y cultural no debería hacernos cerrar los ojos al desorden del mundo, sino contribuir desde nuestra posición subalterna a un acuerdo entre las potencias que eviten la extensión de un conflicto que ha causado ya tanto dolor y tanto espanto.

La vida digital

Noviembre: el riesgo de la IA

La inteligencia artificial generativa prefigura la vida digital. Si el gran acontecimiento geopolítico de 2023 es la guerra entre Israel y Hamás en Gaza, el encuentro quizá más trascendente ha sido la cumbre de Bletchley Park, donde 28 países han advertido sobre la amenaza existencial que supone la inteligencia artificial. La AI Safety Summit se desarrolló en noviembre —un año después de que la empresa OpenAI lanzara ChatGPT, un programa de generación de textos que ha causado un impacto global— en el entorno mítico donde Alan Turing consiguió descifrar el código de la máquina Enigma usada por los nazis durante la II Guerra Mundial.

Aplicado al ChatGPT, el test de Turing (una máquina es inteligente si logra engañar a una persona haciéndole creer que es humana) daría en muchos casos positivo, creando alarma sobre un futuro poshumano, porque más allá de la capacidad de la IA para crear textos e imágenes que amenazan el trabajo de creadores como los guionistas y actores de Hollywood que han estado meses en huelga, esta inteligencia maquinal despierta el pánico secular al gólem.

Desde el robot de Fritz Lang en *Metrópolis* hasta el ordenador HAL de Stanley Kubrick en *2001: Una odisea del espacio,* la potencial rebelión de los autómatas mecánicos o digitales se ha cernido sobre una humanidad que se siente incapaz de controlar el desarrollo impetuoso de la ciencia. *Arquitectura Viva* ya calificó a los años noventa como 'la década digital', documentó la casa digital en 2005 y describió en 2009 el diluvio digital experimentado por la arquitectura y la edición, para advertir sobre la ingeniería humana de la robótica en 2017 y sobre la burbuja digital del criptoarte en 2021, mientras hemos sido testigos de la invasión de la vida cotidiana por avatares antes constreñidos al espacio del metaverso, y ahora *influencers* que proliferan por doquier, o de la colonización de la comunicación política por bots que han agitado las elecciones americanas o el referéndum del Brexit. Pero esta última manifestación de la vida digital, que supera en su repercusión planetaria la conmoción que en 2016 causó la victoria del programa AlphaGo sobre el campeón mundial del juego chino Lee Sedol —admirablemente novelado por Benjamín Labatut en *MANIAC,* su inquietante relato sobre los inicios de la inteligencia artificial y la cibernética a través de la biografía de John von Neumann—, nos sitúa en un territorio diferente e ignoto.

Las grandes empresas tecnológicas y los Gobiernos aseguran querer regular este genio antes de que salga de la botella, pero quizá es ya tarde para hacerlo, y en todo caso los actores privados o públicos de este drama planetario continúan desarrollando la inteligencia artificial por temor a verse superados por la competencia comercial o militar. En un momento en que nuestros mayores desafíos son el cambio climático, los conflictos bélicos y las migraciones masivas, la llamada 'singularidad tecnológica' —la explosión sin control de la inteligencia de las máquinas capaces de fabricar otras máquinas— amenaza nuestra existencia como nunca antes, y tanto la ausencia de gobernanza global como la creciente fractura social dejan a la humanidad inerme.

Solo la presencia simultánea de las dos superpotencias en Bletchley Park pone un acento de esperanza en un horizonte con nubarrones de tormenta. Los textos, las imágenes y las personas generadas digitalmente no son inmateriales, porque exigen para su gestación y mantenimiento cantidades ingentes de energía y agua; pero sí han conseguido desdibujar los límites de la realidad, confundiendo las voces con los ecos, y la vida orgánica con la vida digital.

Un mundo de muros

Diciembre: la fractura geopolítica y social

En los últimos compases del siglo pasado se juzgó verosímil un mundo sin muros; en las primeras décadas de este,
los muros proliferan sin control. Muchos son muros físi-
cos, que fragmentan el territorio con reductos inexpugna-
bles; otros son muros jurídicos, que segmentan las poblaciones con identidades arbitrarias; y los más abrasivos son
muros emocionales, que nos separan de nuestros semejan-
tes haciendo imposible la conversación o la convivencia.
El gran muro geopolítico es el que separa a Occidente del
Sur Global, teatro de la pugna entre las dos superpotencias
y responsable de la ausencia de gobernanza ante los desafíos a que se enfrenta el planeta. Junto con esa gran cesura,
los muros que delimitan fronteras entre países o zonas de
diferente renta, raza o religión se elevan como perímetros
defensivos, desmintiendo que «good fences make good
neighbors» y fingiendo poner límites a unas migraciones impulsadas por la pobreza, el cambio climático y los
conflictos. Y aún dentro de los países, las alambradas que
crean un *apartheid* de bantustanes dibujan la carcoma que
corroe el cuerpo social.

La guerra asimétrica de la Franja de Gaza, con su balance trágico de víctimas civiles, es el último episodio
de esa fragmentación desesperada del mundo: ha divi-
dido Europa como no lo había hecho la guerra de Ucrania, y ha suscitado un rebote de este antisemitismo que
creíamos desvanecido, cuando solo estaba sumido en el
sopor de la hibernación, y listo para despertarse con los
primeros soplos de provocación. Avivada a su vez por
las migraciones masivas musulmanas, la islamofobia se

extiende por el Viejo Continente, y la victoria electoral del euroescéptico Geert Wilders en los Países Bajos marca un nuevo hito en el ascenso populista y nativista que por doquier levanta muros ante la inmigración. Incendio populista, por cierto, que también devasta América, con el triunfo del extravagante anarcocapitalista Javier Milei en Argentina, un tsunami político que trae ecos del Brasil de Bolsonaro y, de forma todavía más preocupante, los Estados Unidos de Trump, un personaje tóxico que proyecta su larga sombra sobre las presidenciales, cuando amenaza con retornar a la Casa Blanca.

Pero más allá de las políticas populistas o los políticos divisivos, la gran herida de nuestro tiempo es la que separa a los ciudadanos en burbujas comunicativas exclusivas, alimentados por el fragor monocorde de su hermético reducto ideológico o identitario, hasta el punto en que la conversación entre vecinos, familiares o colegas se hace imposible, porque ha dejado de existir un sustrato común de coincidencias o acuerdos. Los gobernantes, que solían comenzar sus discursos de toma de posesión asegurando que trabajarían para todos, les hubieran votado o no, ahora inician su etapa de responsabilidad prometiendo a sus fieles levantar muros: muros frente a las interferencias de los organismos internacionales, muros frente al asilo político o la inmigración económica, y muros frente a sus rivales ideológicos, juzgados indignos de consideración o escucha. Estos muros emotivos, exacerbados por blogosferas sectarias, laceran el cuerpo social y nos dañan a todos, acaso irreversiblemente. Si aún estamos a tiempo, procuremos sustituir los muros por los puentes, porque solo en ellos reside la esperanza.

Doce argumentos

Historias ambientales
Frankopan a escala XL

Peter Frankopan es profesor de Historia Global en Oxford, y sus obras tienen la dimensión que corresponde a su cátedra planetaria. *The Silk Roads: A New History of the World* fue un *bestseller* que en 2015 procuró ampliar la historia del mundo a zonas como el Asia Central poco tratadas en los relatos convencionales; *The New Silk Roads: The Present and Future of the World* extendió en 2018 su proyecto con la ambición que expresa su subtítulo; y en 2023, con *The Earth Transformed: An Untold History,* aborda la historia medioambiental del globo, desde el *big bang* hasta la guerra de Ucrania, con un mamotreto de 736 páginas del que ha excluido más de 200 páginas de notas que solo pueden consultarse en su sitio en la red.

La escala titánica del volumen y la prosa ágil de su autor lo convertirán en una obra de referencia sobre la influencia del clima y los desastres naturales en las transformaciones políticas, económicas y sociales que ha experimentado la humanidad, y ello pese a que no es, como afirma «una historia no contada», porque son numerosos los libros que han abordado el tema, desde el muy popular *Guns, Germs, and Steel* que en 1997 publicó Jared Diamond hasta el cúmulo de aportaciones que han enriquecido tanto la *big history* como la *deep history*. Dos menciones episódicas a Braudel y Duby son casi las únicas indicaciones de sus deudas con otros historiadores, quizá obligado por el empeño en desembarazar de andamiaje académico un texto dirigido al público general, que hallará en sus páginas un rico acopio de datos y anécdotas, siempre bien documentadas pero no en todos los casos enhebradas en un relato de arquitectura consistente.

De hecho, más bien que una gran historia, *The Earth Transformed* es una acumulación de historias superpuestas, agrupadas de forma vagamente cronológica en 24 capítulos, que se inician argumentando de qué manera los cambios climáticos permitieron el surgimiento de la vida y se cierra en modo ominoso con una conclusión redactada durante el verano extremo de 2022, donde añade al cambio climático otros 'horrores' que pueden amenazar la existencia de la humanidad durante el siglo, incluyendo el conflicto nuclear, pero también las guerras del agua, las tormentas solares, el impacto de asteroides y, sobre todo, la actividad volcánica. Y afirma que el problema del clima no lo resolverá la acción humana, sino la propia naturaleza, reduciendo la población de forma catastrófica mediante el hambre, la enfermedad o el conflicto. «Quizá lleguemos a ello por medios pacíficos, pero un historiador no apostaría por ese desenlace».

Para alguien que vivió durante mucho tiempo con una bolsa al lado de la cama con material de supervivencia es una conclusión esperable. Pero antes de llegar a ella, el lector puede disfrutar con el relato del período cálido romano o el medieval, la Pequeña Edad de Hielo del siglo XVI al XVIII, los orígenes climáticos de la Gran Divergencia que separó a Occidente del resto del mundo, y de la Pequeña Divergencia que abrió una grieta entre el norte y el sur europeo, amén de la importancia de las plagas de langostas, las epidemias de cólera o la explotación del guano, por no mencionar el vínculo entre el cultivo de limones en Sicilia para prevenir el escorbuto y el surgimiento de la mafia, o el pronóstico de la desaparición de la dieta mediterránea con el calentamiento global. En todo caso, y más allá de los datos que pespuntean el texto, la obra de Frankopan tiene el mérito de compendiar un centón de investigaciones singulares, y sobre todo de ensanchar nuestra mirada recorriendo lugares habitualmente ignorados por las historias canónicas de Occidente.

Con y contra el capital

La crisis de la democracia, Wolf versus Saito

Martin Wolf y Kohei Saito son figuras antitéticas: el veterano analista económico del *Financial Times* y el joven profesor de Filosofía en la Universidad de Tokio abordan el estado del mundo desde ópticas contrapuestas, y sin embargo coinciden en detectar una crisis sistémica, para la que proponen terapias diferentes. El septuagenario periodista británico recuerda el genocidio antisemita que arrastró a sus padres hasta Londres para justificar su pesimismo, que basa en una clara conciencia de la fragilidad de la civilización, y con *The Crisis of Democratic Capitalism* da una vigorosa señal de alarma ante el riesgo que hoy corre la democracia, amenazada tanto por el capitalismo rentista como por el populismo autoritario. El treintañero filósofo japonés, autor de *bestsellers* como *La naturaleza contra el capital* y el actual *El capital en la era del Antropoceno,* llama también a rebato ante la grave crisis existencial a que se enfrenta una civilización cuya actividad económica destruye la naturaleza y nos conduce hacia la catástrofe medioambiental.

A Wolf le preocupa la ruptura del equilibrio entre la economía y la política, lo individual y lo colectivo, lo nacional y lo global, y un desacople entre la economía de mercado y la democracia liberal que ha tenido como resultado la incapacidad del sistema para suministrar a las poblaciones seguridad y prosperidad, dando lugar a la pérdida de confianza en las élites y el ascenso de lo que denomina —poniendo de ejemplo a Donald Trump— 'plutopopulismo', la explotación de temas populistas para fines plutocráticos. Confiando en la recuperación del hoy ausente debate racional e informado entre los ciudadanos, propone una reforma del capitalismo democrático que atienda a los desafíos de la gobernanza global y del medio ambiente planetario, soportado en el doble pilar de la ejemplaridad de las élites y la recuperación de la idea de ciudadanía a lo largo de las líneas expuestas en el manifiesto que cierra el volumen. Encabezado por la cita del templo de Apolo en Delfos —'De nada en exceso'—, el libro del analista británico es una síntesis lúcida de la necesidad de reconciliar capitalismo y democracia, cuando ni el uno ni la otra atraviesan su mejor momento.

En vertiginoso contraste, Saito se enfrenta a la misma crisis —aunque en su caso con un énfasis climático y medioambiental más acentuado— con una inesperada nueva lectura del pensamiento de Karl Marx, donde halla elementos ecológicos como su defensa del «metabolismo que se da entre el hombre y la naturaleza» y que provienen del proyecto MEGA (Marx-Engels-Gesamtausgabe), la publicación de las obras completas de ambos en más de cien volúmenes, en el que interviene el japonés junto con muchos otros investigadores de todo el mundo. Estas tesis llevan al filósofo a considerar el estilo de vida de los países desarrollados incompatible con la moderación del cambio climático, y a preconizar un decrecimiento que de ninguna forma puede darse bajo el capitalismo, por lo que su alternativa es el 'comunismo decrecentista', en sintonía con las ideas del geógrafo David Harvey o el historiador Andreas Malm. Defensor de los bienes comunes, de la reducción de la jornada laboral o de la revalorización de las actividades esenciales, e inspirado por experiencias cooperativistas como la de Mondragón y urbanas como la de Barcelona en su Declaración de Emergencia Climática, el libro está redactado con la prosa urgente de quien desea llamar a sus lectores a la acción.

Con el capital y contra el capital, los dos volúmenes coinciden en el diagnóstico de la crisis y en la exigencia de reaccionar para evitar un futuro de degradación y barbarie.

El huerto habitado

El 'Económico' de Jenofonte

Jenofonte llegó a ser muy popular entre los estudiantes de griego clásico, porque la sencillez de su lenguaje lo hacía apropiado para ejercicios de traducción, acaso como la obra de Julio César *Comentarios sobre la guerra de las Galias* nos sirviera a muchos para aprender los rudimentos del latín. Sin embargo, la coincidencia cronológica del militar, historiador y filósofo con Platón —ambos fueron discípulos de Sócrates— ha gravitado siempre sobre la reputación del autor de la *Anábasis*, un ateniense partidario de Esparta que tras participar en la Expedición de los Diez Mil al servicio del persa Ciro el Joven continuó con *Helénicas* el relato histórico de Tucídides y redactó varios diálogos socráticos, entre los cuales el *Oikonomikós* que ahora nos ofrece Josep Quetglas bajo un nuevo título, *Saber habitar.*

La obra de Jenofonte se traduce habitualmente como *Económico,* ya que trata sobre todo de la economía doméstica, además de la agricultura, la vida rural o la relación entre hombres y mujeres, y tiene dos partes no muy bien ensambladas, probablemente redactadas en momentos diferentes. La primera recoge un diálogo entre Sócrates y el próspero Critóbulo sobre las posesiones, la riqueza y la administración de la casa, llegando a la conclusión de que vivir de la agricultura es «más bello y más bueno y más agradable», ante lo cual Sócrates, en una segunda parte, conversa con el rico granjero Iscómaco para saber de qué forma gobierna su casa, supervisando las labores del campo y formando a su mujer en la atención a sirvientes y enseres domésticos.

Este diálogo socrático, traducido al latín por Cicerón y leído profusamente en el Renacimiento, ha tenido en nuestro tiempo dos interpretaciones singulares, la de Leo Strauss en *Xenophon's Socratic Discourse,* que lo juzgó una presentación crítica de la virtud y la nobleza, y la de Michel Foucault en el segundo volumen de la *Histoire de la sexualité,* donde el capítulo dedicado a 'La maisonnée d'Ischomaque' examina la relación del granjero con su mujer como una manifestación del poder patriarcal, entendiendo que el arte de mandar se expresa en el ámbito doméstico lo mismo que en el político o el militar. Quetglas, que los cita a ambos, enriquece el panorama con un nuevo enfoque, que si por una parte está sugerido en su título y la interpretación protofuncionalista que puede desprenderse de la cita de otra obra de Jenofonte, *Recuerdos de Sócrates* —«Cuando (Sócrates) decía que la belleza de un edificio consiste en la utilidad, me parecía enseñar el mejor principio de construcción»—, por otro parece cristalizar en el apartado 6 de su nota previa, que describe la casa como un huerto habitado.

El protagonismo de la agricultura en este diálogo socrático se justifica por el peso de la población agraria en el Ática, pero también por el protagonismo político del agricultor autónomo tras la devastación producida por la guerra, buscando en el retorno a la vid y el olivo una esperanza de recuperación tras la derrota y el empobrecimiento de Atenas. Quetglas anima a buscar paralelismos con la Viena de Adolf Loos tras la guerra, con los parques y jardines dedicados al cultivo de hortalizas, legumbres y patatas, y donde el arquitecto propone una nueva cultura de habitar, abreviada así por el catedrático catalán: «Primero, el huerto; luego, los espacios cubiertos habitables». Inspirada por los promotores de la horticultura urbana en la República de Weimar Leberecht Migge y

Josef Popper-Lynkeus, esta actitud protoecológica tiene no poca pertinencia en un momento en que las catástrofes climáticas y sanitarias obligan a revisar el pensamiento habitual sobre la casa y la ciudad.

En cualquier caso, los sismos contemporáneos son también de naturaleza política, y para reflexionar sobre ellos nos sería de evidente utilidad otro diálogo socrático de Jenofonte, el titulado *Hierón,* donde la conversación imaginaria entre el poeta Simónides de Ceos y el tirano Hierón de Siracusa sobre las ventajas e inconvenientes del despotismo, que interesó sobremanera a Maquiavelo o Montesquieu, ha tenido en nuestro tiempo la lectura atenta de autores como Carl Schmitt, Leo Strauss o Alexandre Kojève. Las tribulaciones actuales tienen origen en la relación tóxica con la naturaleza, pero en no menor medida en la fractura de los consensos políticos que nos permiten vivir juntos aceptando un marco común: esto también es saber habitar.

Bondades botánicas

Holobiontes en el jardín

La arquitectura aspira al placer perfecto del jardín. El fotógrafo José Manuel Ballester expone en el botánico madrileño *De arboris perennis,* un proyecto al que pertenecen los naranjos y laureles que extrae de *La primavera* de Botticelli, y esa representación exacta del jardín esencial nos reconcilia con el mundo natural cuando la buena estación fomenta la vida al aire libre. El *plein air* impresionista exaltaba lo campestre, pero en la tabla renacentista el bosque frutal evoca el huerto mítico del jardín del Edén, *hortus conclusus* de disfrute recoleto o ameno prado de reunión pagana, y la imagen desnuda de figuras nos interpela con la columnata de los troncos, una arquitectura vertical que se eleva desde la hierba esmaltada de flores hasta las copas grávidas de frutos. Tras esa naturaleza doméstica y feraz hay que imaginar un maestro jardinero como el que retrata Paul Schrader en la película que culmina su trilogía sobre la redención, porque el cuidado de las plantas exige una atención penitencial.

Plantar un árbol, tener un hijo, escribir un libro: la frase atribuida al político y polígrafo cubano José Martí condensa con precisión poética la responsabilidad compartida por proteger la vida en el planeta, asegurar la pervivencia de nuestras sociedades, y acrecentar el capital simbólico de la especie. Con el lenguaje de la ciencia, propone contribuir a la transmisión de información por el canal genético y por el canal cultural, porque tan importante es la reproducción de la materia orgánica como el legado del conocimiento. Y si la progenie o la producción intelectual se ciñen al ámbito de lo humano, el árbol puede representar las restantes formas de vida, cuyo respeto es imprescindible para garantizar nuestra propia supervivencia, y con las que nos vinculamos inextricablemente. Quizá nadie expresó mejor ese vínculo que Miguel Hernández en la 'Elegía a Ramón Sijé', donde el amigo muerto se transforma en tierra fértil para que el poeta pueda escribir «Yo quiero ser el hortelano / de la tierra que ocupas y estercolas», obteniendo el consuelo de saber que «volverás a mi huerto y a mi higuera».

Esta comunidad esencial con las distintas formas de vida vegetal está seguramente en el origen del deseo universal de una casa con jardín, por más que sepamos hasta qué punto el hábitat disperso es difícilmente compatible con un uso eficaz de los recursos materiales y energéticos que permita enfrentarse al desafío del cambio climático. Si la ciudad compacta es el mejor instrumento para hacer sostenible la humanidad urbana y para proteger los espacios naturales de la avidez inmobiliaria, ello no significa que debamos renunciar a la presencia de la vegetación mediante los parques, las calles arboladas o las macetas del balcón. Para disfrutar de las plantas, desde luego, no hace falta creer en la inteligencia que les atribuye el neurobiólogo italiano Stefano Mancuso; sin embargo, lo mismo que todos somos holobiontes formados por la asociación simbiótica con nuestra microbiota, un bosque es un superorganismo con un comportamiento que podría describirse como consciencia. Sea como fuere, «il faut cultiver notre jardin»: el Voltaire de *Candide* habla un lenguaje que los arquitectos entendemos.

Una historia epistolar
Cartas de científicos

A la hora de reseñar *Querido Isaac, querido Albert,* la última obra del historiador, catedrático y académico José Manuel Sánchez Ron —que forma una trilogía con sus anteriores *Como al león por sus garras* y *El poder de la ciencia*—, el reto de abordar esta colosal colección de misivas me anima a hacerlo eligiendo cuatro de ellas —de Galileo, Humboldt, Curie y Cajal— para dar idea de la variedad de contenidos del volumen, cuyos 76 capítulos trenzan la documentación epistolar con textos biográficos y comentarios que sitúan los fragmentos en su contexto científico, pero también en el marco político, social y cultural de su redacción.

El vínculo de la ciencia con el poder, y el uso pacífico o bélico que puede darse a cualquier descubrimiento, está bien ilustrado por los varios epígrafes dedicados al Proyecto Manhattan, pero quizá se advierte con ejemplar nitidez en la carta que Galileo dirige en 1609 al dux de Venecia, donde le ofrece «un nuevo artificio consistente en un anteojo extraído de las más recónditas especulaciones de perspectiva… de inestimable provecho para todo negocio y empresa marítima, al poder descubrir en el mar embarcaciones y velas del enemigo a mayor distancia de la usual, de modo que… podremos estimar sus fuerzas aprestándonos a su persecución, al combate o a la huida».

La fascinación que suscita la naturaleza, y la emoción estética de su estudio está admirablemente reflejada en lo que Alexander von Humboldt escribe a su hermano Wilhelm en 1799 desde el Puerto de La Orotava: «¡Regresé del Pico ayer, a la noche! ¡Qué espectáculo! ¡Qué gozo! Fuimos hasta el fondo del cráter… los vapores de azufre hirviendo agujereaban nuestra ropa… sobre nosotros, la bóveda del cielo azul intenso; viejas corrientes de lava al pie; todo alrededor de esta escena de desolación, bosques de laureles».

El papel de la mujer en la ciencia, que tiene un momento trágico en la carta donde Clara Immerwahr, una brillante química que se suicidaría en 1915, expresa su insatisfacción con su matrimonio —«Lo que Fritz (Haber) ha ganado en estos ocho años… es lo que yo he perdido»— puede sin embargo ilustrarse con el ejemplo positivo de Marie Curie, que tras su dura juventud en Polonia tuvo siempre el apoyo de su marido Pierre, como atestigua la carta de este al matemático sueco Gösta Mittag-Leffler: «Ha sido muy amable al informarme de que he sido mencionado para el Premio Nobel. No sé si este ruido tiene mucha consistencia, pero en el caso de que fuese cierto… desearía mucho que se me considerase solidario con la Sra. Curie en nuestras investigaciones».

Por último, la generosidad en la comunidad científica a la hora de compartir información sobre las vicisitudes del esfuerzo investigador se ilumina patéticamente con la misiva de Cajal a un discípulo en 1934, dos días antes de su muerte, donde la enfermedad y el abatimiento no le impiden ofrecer consejos minuciosos: «Yo me encuentro muy grave con una colitis que dura cerca de dos meses y que no me permite abandonar el lecho, ni comer ni escribir. Recibí su trabajo sobre el asta de Amón del ratón… El ratón es poco favorable para un estudio estructural. Es difícil descubrir las células de axón corto… ¿Por qué no ha trabajado Vd. en el conejo de veinte o cuarenta días? El Cox me proporcionó magnífica arborización suelta de células de axón corto y multitud de detalles, que no siempre se ven bien con el método de Golgi». Y cito para terminar al propio Sánchez Ron: «Con un pie en la tumba, imposibilitado de abandonar la cama, Santiago Ramón y Cajal continuaba ejerciendo como el científico y el maestro que siempre fue».

Miradas mejores

Leeuwenhoek y Vermeer

En la Holanda del siglo XVII, el microscopio y la cámara oscura cambiaron para siempre la mirada. La historiadora neoyorquina Laura J. Snyder describe esta fenomenal mudanza perceptiva a través de dos personajes coetáneos: Antoni van Leeuwenhoek, que utilizó una lente para descubrir un mundo hasta entonces oculto, y Johannes Vermeer, que usó otro dispositivo óptico para lograr en sus obras una representación inédita de la luz. Nacidos en Delft en la misma semana de 1632, vivieron y trabajaron en la ciudad, tenían amigos comunes y Leeuwenhoek fue albacea de la herencia de Vermeer cuando el pintor murió, pero no hay constancia de que llegaran a conocerse. En el marco de una revolución científica que reclamaba observar, representar y medir la naturaleza, tanto el desarrollador del microscopio como el genial artista que usaba la cámara oscura se apoyaron en los últimos descubrimientos en el terreno de la óptica para extender radicalmente el alcance de la mirada, enredando inextricablemente el arte con la ciencia.

Las historias del arte y las historias de la ciencia suelen discurrir por raíles diferentes, pero la erudición y capacidad narrativa de la estadounidense trenza admirablemente los avances instrumentales que nos abrieron los ojos a lo diminuto con las herramientas ópticas que hicieron más fidedigna la representación del mundo, y explica cómo, si los filósofos de la naturaleza solían tener también una formación artística, los pintores se interesaban por los avances ópticos y se convertían en naturalistas a través de su descripción minuciosa del universo biológico y botánico. Leeuwenhoek trabajó con artistas que eran capaces de dibujar el mundo microscópico que se percibía a través de sus lentes, y Galileo no habría sido capaz de interpretar como sombras de montañas las manchas lunares que veía a través de un telescopio si no se hubiera formado como artista en su juventud. Pero para esto no necesitamos remontarnos a estos albores de la revolución científica: Ramón y Cajal no hubiera podido describir cabalmente la morfología de las neuronas si no hubiera sido también un excepcional dibujante, y tanto mi abuelo histólogo como mi padre microbiólogo interpretaban lo que veían a través del microscopio mediante el dibujo.

El libro de Snyder, publicado en 2015 como *Eye of the Beholder,* apareció en castellano en 2017 bajo el título *El ojo del observador. Johannes Vermeer, Antoni van Leeuwenhoek y la reinvención de la mirada,* y ninguna otra obra refleja con tanta inteligencia y elocuencia esa revolución en la mirada de la que todavía somos deudores, así como la estrecha relación entre el arte y la ciencia. Leonardo da Vinci recomendaba a los pintores aprender a ver estudiando «la ciencia del arte y el arte de la ciencia», y las biografías paralelas de los dos genios de Delft ofrecen una ilustración ejemplar. Leeuwenhoek, que fue un gran observador, no fue el único desarrollador del microscopio —la edición española la usa en su portada el de doble lente de Robert Hooke, el 'conservador de experimentos' de la Royal Society, mientras los más de cuatrocientos que fabricó el neerlandés eran de lente única—, ni Vermeer el único artista que usara la cámara oscura, tan popular que un conocido de nuestros dos protagonistas, el filósofo natural y aficionado al arte Constantijn Huygens, dijo que con su uso generalizado «toda pintura resulta muerta en comparación, porque esto es la vida misma, y algo más elevado, si uno pudiese expresarlo». Pero la coincidencia de ambos en el espacio y en el tiempo autoriza a buscar en el Delft del siglo xvii un nuevo modo de ver que sigue fertilizando la mirada contemporánea.

El arte de la crítica

De Goya a Baudelaire

La crítica de arte de Baudelaire y el arte de la crítica de Goya iluminan el vínculo entre pintura y escritura. Aunque desde las *Vidas* de Vasari han sido muchos los que han escrito sobre el arte de su tiempo, se atribuye a Denis Diderot la creación del nuevo género de la crítica de arte a través de sus crónicas sobre las obras expuestas en los salones parisinos, una actividad que un siglo después tendría al poeta Charles Baudelaire como su representante más emblemático. Los *Escritos sobre arte, literatura y música* del autor de *Las flores del mal* que ahora se publican en castellano contienen en efecto sus textos sobre los salones de 1845, 1846 y 1859, además del dedicado a la Exposición Universal de 1855 y el muy influyente artículo de 1863 'El pintor de la vida moderna'. Baudelaire hallaba en los dibujos y grabados, en ocasiones reproducidos en la prensa, un testimonio fidedigno del espíritu del tiempo, y en el volumen se incluyen dos textos de 1857 sobre 'Algunos caricaturistas franceses' (Daumier *et al.*) y 'Algunos caricaturistas extranjeros', donde Goya figura junto con Hogarth y Brueghel.

El Goya de Baudelaire es «un hombre singular (que) ha abierto nuevos horizontes a lo cómico», y también «un gran artista, con frecuencia horripilante». El poeta reconoce en él al verdadero artista, «siempre perdurable y vivaz, incluso en esas obras efímeras, siempre suspendidas de los acontecimientos, por así decir, que se llaman 'caricaturas'». Glosando *Los caprichos*, «una obra maravillosa», Baudelaire asegura que reúne la sátira jovial de Cervantes con un espíritu mucho más moderno, a través de sus monstruos verosímiles e impregnados de humanidad. Y comentando *Los toros de Burdeos,* realizados al final de su vida, señala que «son nuevas pruebas en apoyo de esa ley singular que preside el destino de los grandes artistas y quiere que, rigiéndose la vida a la inversa de la inteligencia, ganen por una parte lo que pierden por la otra, de forma que, siguiendo una juventud progresiva, crezcan en audacia hasta llegar a la tumba»: ese es el Goya del 'Aún aprendo', aquel cuya obra tardía alcanza las más altas cotas de ambición crítica.

Goya fue sucesivamente rococó, neoclásico y prerromántico, y muchos han comparado al pintor luminoso de los cartones para tapiz con el creador sombrío de *Los desastres de la guerra* o las *Pinturas negras,* juzgando que solo estas obras de su etapa final merecen considerarse genuinamente modernas, pero el profesor de Berkeley Anthony Cascardi argumenta en *Francisco de Goya and the Art of Critique* que el conjunto de la obra del artista aragonés es una respuesta crítica al mundo en el que vivió: a la política, a la religión e incluso a los medios de representación. Esa modernidad de Goya, que le ha valido ser usado como precursor por los románticos, los impresionistas, los expresionistas y aun por los surrealistas, es una manifestación del espíritu de la Ilustración, pero al mismo tiempo —en obras como *El tres de mayo de 1808*— un alegato contra la barbarie que las Luces podían también albergar. Cascardi recorre toda la carrera del artista, desde las pinturas religiosas hasta *La lechera de Burdeos,* desde esa óptica crítica, con momentos estimulantes como el análisis comparado de los frescos de San Antonio de la Florida y los de Tiepolo en el Palacio Real, o como la glosa emocionante de su *Autorretrato con el doctor Arrieta* con que se cierra este volumen elegante y riguroso.

Si Goya fue un ejemplo excelso del arte de la crítica, Baudelaire representa un hito singular en la crítica del arte, y estos dos libros aparecidos de forma felizmente simultánea dialogan entre sí de forma necesaria y azarosa.

Revisiones académicas

Sobre Burckhardt y Kubler

Las nuevas lecturas inyectan savia en troncos venerables. La British Academy y el Getty Research Institute han vuelto a leer dos clásicos de la historia del arte, *La cultura del Renacimiento en Italia,* sin duda la obra cumbre de Jacob Burckhardt (1818-1897), y *La forma del tiempo,* el libro más popular de George Kubler (1911-1996), y al hacerlo otorgan vida renovada a los textos mientras dan cuenta de los intereses actuales de la disciplina. En *A Renaissance Reclaimed,* Stefan Bauer y Simon Ditchfield editan las ponencias del seminario organizado para celebrar el segundo centenario del nacimiento del 'padre de la historia cultural' examinando su obra mayor, y la docena de autores reunidos ofrecen a la vez un homenaje al gran historiador de Basilea y un testimonio verosímil de las inquietudes contemporáneas en la historia de las ideas; por su parte, Thomas Reese explora minuciosamente la obra del profesor de Yale que fue su maestro, enhebrada por un libro teórico sobre la historia del arte al que rinde tributo en el título del volumen, *George A. Kubler and the Shape of Art History,* y su relato enreda inextricablemente la devoción filial y la revisión rigurosa de la abundante producción del americanista e hispanista, muchas de cuyas contribuciones han sufrido la erosión del desarrollo del conocimiento arqueológico y arquitectónico.

Burckhardt publicó solo tres obras en vida: una monografía sobre la época de Constantino; una guía del arte italiano que sirvió a muchos viajeros, *Der Cicerone;* y la caudalosamente traducida y reeditada *Die Kultur der Renaissance in Italien,* que desde su aparición en 1860 le otorgó las credenciales de fundador de la historia cultural, convencionalmente opuesta a la historia política asociada a Ranke, y también igualmente enfrentada con las grandes narrativas del progreso ilustrado que había popularizado Hegel. Famosamente, Burckhardt describía 'El Estado como obra de arte' —lo mismo que la guerra, la corte o incluso la venganza—, pero su libro se ocupa también del desarrollo del individuo, la recuperación de la Antigüedad, el descubrimiento del mundo y del hombre, la sociedad y los festivales, y la moralidad y la religión, y estas seis partes de la obra sirven de cañamazo para los estudios críticos, que si elogian su pertinencia para autores contemporáneos como Carlo Ginzburg, Jacques Le Goff, Norbert Elias, Pierre Bourdieu o Stephen Greenblatt, también encuentran que su búsqueda de la esencia espiritual de una época le hizo menospreciar los aspectos materiales de la cultura, y le reprochan su método impresionista, que salpica el texto de detalles coloristas como el ornamento capilar de la *Simonetta Vespucci* de Botticelli, que por cierto se ha elegido para la portada de esta revisión ejemplar.

Kubler fue autor de 17 obras, entre las cuales síntesis del arte precolombino o de la arquitectura europea, y monografías como la ejemplar *Building the Escorial,* pero Reese escoge un breve ensayo sobre las bases conceptuales y cronológicas de la historia del arte, *The Shape of Time: Remarks on the History of Things,* publicado en 1962, como hilo conductor de su biografía intelectual. Ese escueto 'tratado poético', que es la obra más leída y elogiada de su autor, está inspirado por la *Vie des formes* de Henri Focillon —junto al Erwin Panofsky 'americano', la mayor influencia sobre el historiador—, y propone un 'haz de hebras' como estructura del relato, fórmula que también adopta Reese en su narración crítica. Pese a que muchos vieron en este pequeño tratado una crítica formalista de la iconografía, a Kubler le preocupó siempre el problema del significado, y esa es una de las hebras que Reese explora, consciente en cualquier caso de que su obra estuvo guiada pertinazmente por las tres fuerzas esenciales que le enseñó Focillon: las tradiciones, las influencias y los experimentos. Al cabo, Kubler fue, como lo describió un biólogo molecular, «un pensador de estructuras», y esto explica el amplio impacto interdisciplinar de su trabajo, cuyo enfoque antropológico y cultural de la arquitectura y el arte sigue siendo singularmente pertinente.

Estos dos volúmenes no se ocupan de un historiador suizo del siglo XIX y de un historiador estadounidense del siglo XX; no se ocupan de la historia de la cultura o de la historia del arte; se ocupan más bien de los debates intelectuales del siglo XXI sobre nuestra relación con los objetos, con la sociedad y con el pasado, y merecen ser leídos fuera del campo de la historiografía.

Problemático y febril

España vista desde fuera

El siglo xx de España, como el del tango *Cambalache,* ha sido problemático y febril. La 'Historia Penguin de la España moderna', que se inicia en 1898 y se extiende hasta la pandemia de 2020-2022, describe una etapa efectivamente agitada y convulsa, pero no muy diferente a la de otras naciones europeas. En una obra que será de referencia en el mundo anglosajón, Nigel Townson utiliza los trabajos de un cúmulo de historiadores españoles recientes para construir un relato equilibrado y ecuánime que pone en cuestión la supuesta anomalía o excepcionalidad del país. La España de hoy se presenta como «una democracia estable y próspera que tiene sus propias peculiaridades, lo mismo que todas las demás democracias del continente», y la narración histórica subraya esta condición común relacionando cada período con el más amplio marco europeo. Así, el libro transita desde el Desastre y la regeneración del cambio de siglo, la dictadura de Primo de Rivera y la Segunda República hasta la tragedia de la Guerra Civil, las largas décadas del régimen de Franco, la Transición y la democracia, en todos los casos ofreciendo un contexto internacional que hace menos singular la experiencia española.

Sin apenas referencias a los historiadores británicos que le han precedido —Raymond Carr, Gerald Brenan o Hugh Thomas—, que juzga fascinados por el mito romántico de la Guerra Civil como la última 'gran causa' y excesivamente centrados en lo político, Townson se alimenta de los estudios publicados en España durante las últimas cuatro décadas, con su mayor énfasis en la economía, la sociedad y la cultura, y que conjuntamente desmienten el relato de «fracaso, estancamiento y retraso» tantas veces usado como hilo conductor de la historia reciente del país. *The Penguin History of Modern Spain* es esencialmente política, pero se echan de menos algunas pinceladas que otorguen profundidad literaria o artística a un panorama que —aunque hace aparecer episódicamente en el relato a Buñuel, Lorca, Alberti, Picasso o Dalí— presta sobre todo atención sociológica a la cultura de masas.

En el terreno de la arquitectura, el modernismo de Domènech y Gaudí se menciona como reflejo de la prosperidad barcelonesa en el tránsito entre siglos, mientras la Gran Vía o «edificios *art déco* como el Círculo de Bellas Artes» testimonian la transformación de Madrid, y las exposiciones de 1929 en Barcelona y Sevilla, centradas en sendas plazas de España, muestran el espíritu nacionalista de la dictadura de Primo. Los arquitectos rara vez se mencionan, y si el pabellón de 1937 aparece como escenario del *Guernica,* Sert está tan ausente como Palacios o Zuazo, y otro tanto sucede con Bohigas, Bofill, Moneo o Calatrava, por más que los Juegos Olímpicos o la Expo 92 se describan como emblemas del *annus mirabilis* de la democracia española, o que edificios como el Reina Sofía, el Museo de Mérida, el Auditorio Nacional de Madrid, el Guggenheim de Bilbao o las restauraciones del Teatro Real y del Liceo se presenten como ejemplos de la expansión del estado del bienestar. Una excepción a esta ausencia de nombres propios es Javier Carvajal, cuyo pabellón de España en Nueva York, levantado para la Feria de 1964 y visitado por 23 millones de personas, se describe en detalle, al considerarlo el mayor éxito de la apertura promovida por Manuel Fraga para mejorar la imagen del régimen. Aunque orientado al público anglosajón, este volumen merece también leerse por los españoles, que descubrirán en él un país quizá problemático, pero de ningún modo excepcional o diferente.

Suspiros de España

Imágenes del siglo xx

El siglo xx español suscita suspiros de dolor y de alivio. El *Diccionario de símbolos políticos y sociales del siglo xx español* de Fuentes y Rueda explora las imágenes trágicas o festivas de un itinerario histórico que si ocasionalmente se remonta al siglo xix, en su último trecho incorpora eventos del siglo xxi como el 11-M o el 15-M. Por su parte, el *Spain: The Trials and Triumphs of a Modern European Country* de Michael Reid procura explicar el país a extranjeros o nacionales examinando desde el presente los desafíos y los éxitos que han jalonado su trayecto desde el trauma de la Guerra Civil hasta Europa y la modernidad. Y si ambos destacan los logros de la España actual, ambos también formulan su temor de que ese avance se clausure. La introducción del *Diccionario* advierte que «las convulsiones políticas y sociales que se han sucedido en el nuevo milenio hacen tentador considerar una idea circular de la España contemporánea que nos devuelve, en un bucle, al final de la monarquía parlamentaria hace ahora un siglo»; y el prólogo de *Spain* se cierra con una cautela similar: «Hay pocos lugares mejores que España para vivir. Sin embargo, si el país no puede encontrar el camino de la renovación política, la permanencia de sus logros se pondrá en duda». El dolor y el alivio han sido reemplazados por la preocupación.

Obra colectiva de especialistas universitarios, el monumental *Diccionario* se sitúa en la estela de los dos diccionarios conceptuales de los siglos xix y xx codirigidos por el catedrático de Historia Contemporánea Juan Francisco Fuentes, que aquí amplía su ámbito de interés a lo iconográfico, por entender que en la relación entre conceptos y símbolos «el mundo de las imágenes parece reflejar estratos más profundos y persistentes». La historia reciente española se cartografía así en el volumen a través de un centenar de voces, que incluyen fechas significativas, lugares grávidos de significado como la Puerta del Sol o el Valle de los Caídos, prendas de vestir como la camisa o el sombrero, letras como la K o la Ñ, y desde luego colores, el azul, el rojo, el morado y el negro. (Un volumen posterior, coordinado por Jordi Canal, *Los colores de la política en la España contemporánea,* añade a estos el blanco, el amarillo, el violeta, el verde y el naranja). El gran énfasis en lo visual de esta obra imprescindible («La tecnología… ha hecho del siglo xx un gran museo visual… Las modernas formas de comunicación política descansan más sobre las imágenes que sobre las palabras»), que incluso añade a su bibliografía una videografía con numerosas películas y una pictografía esencialmente pictórica, hace especialmente decepcionante la ausencia absoluta de ilustraciones, obligando a sus autores a practicar la écfrasis de las imágenes simbólicas para remediar en parte esta paradójica iconoclasia.

La obra de Reid, un periodista asentado en Madrid que fue corresponsal en España de *The Economist* entre 2016 y 2021, es una formidable introducción al país, inevitablemente centrada en los acontecimientos más recientes, pero que relata también con agudeza y ecuanimidad los orígenes históricos del nacionalismo catalán, vasco e incluso gallego, la dictadura de Franco, el sorprendente éxito de la transición a la democracia y, tras tres décadas de prosperidad y progreso, el desvanecimiento del sueño español, amenazado por el populismo, la polarización política y «el narcisismo de la pequeñas diferencias». Aunque los problemas a que España se enfrenta no son diferentes de los que experimentan otros países europeos, Reid coincide con la alerta expresada por Fuentes: «Hace un siglo, la incapacidad de los políticos de la Restauración para pactar reformas abrió camino a la dictadura de Primo de Rivera. No hay ninguna razón para que la historia se repita, pero esto debería servir como advertencia para la clase política española». La mirada del otro se suma a la nuestra propia, y ambas invitan a abrir los ojos a una coyuntura histórica que no debería inspirar suspiros de nostalgia ante el paulatino deterioro de los logros y el lento alejamiento del sueño español, sino el aliento insomne que extrae su dirección y su propósito de la lección que enseña la musa del escarmiento.

Culturas del color
Del ornamento al significado

La elección del color no es inocente. Cada tono y matiz del abanico cromático arrastra sobre sí una carga simbólica que se superpone a su dimensión estética, y que hace imposible juzgar la decisión de usar uno u otro como un asunto exclusivamente visual. La sensibilidad artística está presente en la elección de colores o texturas, pero de ninguna forma puede reducirse a una cuestión de gusto individual, por más que con frecuencia oigamos la paremia 'para gustos, los colores', asociando la diversidad de estos con las libérrimas preferencias de las gentes. Los colores tienen un peso cultural e histórico que conviene conocer cuando los usa el arquitecto o el diseñador, y aquí se recomiendan un puñado de libros que pueden ayudar a tomar decisiones cromáticas.

La Universidad de Cambridge es el marco donde se gestaron dos de ellos, redactados ambos por historiadores del arte. John Gage, que falleció en 2012, dirigió el Departamento de Historia del Arte y dedicó toda su carrera al color: su libro de 1993 *Colour and Culture: Practice and Memory from Antiquity to Abstraction* es un clásico que figura en todas las bibliografías del tema; en 1999 publicó *Colour and Meaning,* una recopilación de ensayos y textos para catálogos que ahora aparece en castellano, y en 2006 cerró su itinerario intelectual con *Colour in Art.* James Fox, director de estudios de Historia del Arte en el Emmanuel College de Cambridge, y casi medio siglo más joven que Gage, tiene una trayectoria profesional más variada, porque a su labor académica añade los documentales realizados para la BBC, entre los cuales la serie de

2012 *A History of Art in Three Colours* (blanco, dorado y azul), antecedente de la realizada para la CNN en 2016, *Colorscope,* y del libro de 2021 *The World According to Colour: A Cultural History.*

Pese a su común afiliación a Cambridge, y pese al enfoque cultural de ambos, los actuales libros no pueden ser más distintos: el de Gage es un monumento a la erudición, con casi un tercio de sus 580 páginas dedicado a notas, bibliografía e índices, pero le pesa lo fragmentado de su contenido, el que la mayor parte de las ilustraciones sean en blanco y negro y su empeño en polemizar con los filósofos deconstructivistas. El de Fox, por su parte, es un libro ameno y ágil, aunque no exento de ambición, ya que se propone no tanto una historia cultural del color sino una historia del mundo desde el prisma del color, para lo cual elige siete colores como hebras narrativas donde textos e imágenes se acuerdan con la precisión de una conferencia ilustrada o un documental como lo que sobre el asunto ha realizado en el pasado.

La periodista Victoria Finlay y el diseñador gráfico Riccardo Falcinelli usan también los diferentes colores como capítulos de sus libros, pero si la británica resume en diez elementos la paleta cromática del pintor y se esfuerza en explicarlos a través de los viajes por geografías exóticas, el italiano elige veinticuatro colores para ofrecer un retrato pixelado de la mirada moderna en las artes y en la vida cotidiana. El libro de Finlay, muy someramente ilustrado, es un relato en primera persona, salpicado de anécdotas sugerentes, y desplazamientos en el espacio y en el tiempo que capturan el interés del lector; el de Falcinelli, por el contrario, es una obra diseñada desde las imágenes, que se agrupan en páginas enteras estableciendo entre ellas un diálogo tan importante como los textos que las comentan y acompañan. Y si *Color. Historia de la paleta cromática* ha tardado veinte años en llegar al castellano desde su edición original inglesa en 2003, *Cromorama* se tradujo solo dos años después de su publicación inicial italiana en 2017, y ha vuelto a editarse en 2022.

Por último, el colosal volumen de Anne Varichon, *Color Charts: A History,* tan centrado en las imágenes y tan atractivo que muchos lo describirán como un *coffee table,* reproduce impecablemente dos centenares de tablas de color inéditas, seleccionadas entre los miles documentados por la autora, una antropóloga especialista en la cultura material, en archivos públicos y privados. Desde manuales para la enseñanza del arte, instrucciones para el tinte de tejidos o cartas cromáticas de la industria química, y hasta tablas para determinar la madurez de la fruta o para seleccionar cosméticos, las diferentes nomenclaturas gráficas deslumbran por su ingenio y su belleza. Publicado originalmente por Seuil en 2023 bajo el título *Nuanciers,* la edición de Princeton University Press en 2024 es de tal seducción gráfica que corre el riesgo de desdibujar el formidable esfuerzo investigador y documental de la autora francesa.

Son cinco libros muy diferentes, pero todos valiosos: la sabiduría erudita de Gage, la elegancia intelectual de Fox, la amenidad narrativa de Finlay, la agudeza visual de Falcinelli y la belleza deslumbrante de Varichon ofrecen un menú variado para quien desee aproximarse a la cultura del color. Y desde distintos ángulos, en todos ellos aparecen el negro de humo y sombra, el rojo de cochinilla y sangre o el inasequible azul de las montañas afganas, un arcoíris material que en el pasado ha servido a artistas y a tintoreros como hoy sirve de recurso a los arquitectos que utilizan el color sin dejarse intimidar por el delito ornamental.

La dulzura del Antiguo Régimen

Un 'ricordo' de Fragonard

Es un tópico citar a Talleyrand («Ceux qui n'ont pas connu l'Ancien Régime ne pourront jamais savoir ce qu'était la douceur de vivre») para evocar la dulzura rococó de la vida aristocrática anterior a la Revolución, y muchos de mi generación aprendimos a menospreciar la genealogía Watteau-Boucher-Fragonard al ser incapaces de separar hedonismo y privilegio. Pero la Boucher Room y la Fragonard Room de la Frick Collection desarman cualquier reticencia, y los paneles de *El progreso del amor* del pintor de Grasse trazan la senda placentera que lleva la mirada adulta hasta el Goya de los cartones, hoy iluminados en las alturas del Prado. Si en su día solo podíamos admirar a Chardin, ahora nos atrevemos a recorrer el tránsito que lleva de los columpios de Boucher al de Fragonard, y de ahí al de Fuendetodos.

El sacrificio de Calírroe, de Jean-Honoré Fragonard, ilustra un episodio de la mitología griega que recoge Pausanias, un amor trágico donde la cólera de Dioniso provoca la muerte de los protagonistas, pero no es necesario conocer el relato con detalle para apreciar la sombría belleza del escenario violentamente agitado donde los amantes perecen sin perder la sensualidad desmayada de todas las figuras, en una máquina académica y teatral que se redime en el encanto de cada rostro y en la destreza de cada pincelada. Tras su formación con Chardin y Boucher, Fragonard viajó a Italia con Hubert Robert y se familiarizó con la gracia suntuosa de Tiepolo, y la influencia de todos ellos está presente en el gran lienzo de cuatro metros de longitud que presentó en 1765 para obtener el ingreso en la Academia, una obra elogiada por Diderot y hoy en el Louvre.

El *ricordo* ilustrado, que forma parte del Museo de la Real Academia de Bellas Artes de San Fernando, perteneció a Godoy, cuya formidable colección de más de mil pinturas —entre las cuales *La Venus del espejo* de Velázquez o *La maja desnuda* de Goya—, alojadas en el palacio de Buenavista, se dispersó tras el exilio del favorito real y la confiscación de sus bienes por la Corona, aunque tres centenares de ellas pudieron rescatarse y son el fundamento del Museo de la Academia. Miembro de la misma y residente en una casa colindante con el palacio que albergó las pinturas del Príncipe de la Paz, celebro que entre las que se trasladaron de la plaza de Cibeles a la calle de Alcalá se halle este exquisito *ricordo,* porque las pinturas de menor formato que se ejecutaban para no olvidar la composición original poseen a menudo un singular atractivo íntimo. *El sacrificio de Calírroe* puede representar un mito trágico y convulso, pero en el *ricordo* de la Academia la dulzura de la vida se expresa baudelairianamente: todo en él es *luxe, calme et volupté.*

Seis retratos

El mosaico y el tapiz
Sauerbruch Hutton

Matthias Sauerbruch y Louisa Hutton son arquitectos de lo horizontal y de lo vertical. En el plano del suelo, interpretan la forma de la ciudad como un mosaico de piezas e intenciones, donde cada edificio se inserta en la malla urbana como la tesela que completa un motivo; y en las superficies de las fachadas, diseñan su diálogo con el entorno a través de un tapiz de materiales y colores, en el que cada hebra del tejido resuena con la memoria del lugar. La musivaria clásica ejecuta los mosaicos como alfombras pétreas, y los talleres tradicionales tejen los tapices como lienzos suspendidos, y esa condición permite asociar sus objetos con el desarrollo horizontal o vertical de la arquitectura, por más que la práctica contemporánea también realice mosaicos verticales o describa la ciudad horizontal como un tapiz urbano. Al cabo, estas metáforas materiales solo sirven para subrayar la dimensión política de una obra que se propone reconstruir la ciudad europea con procesos respetuosos del medio ambiente, sin que esa voluntad ética excluya la expresión artística.

En sus edificios el color ha tenido un protagonismo tan destacado que sería tentador situarlos prioritariamente en la filiación ornamental de las fachadas textiles teorizadas por Gottfried Semper y en la imaginación gráfica posmoderna de sus años de formación, pero los arquitectos han sugerido que su trabajo podría ser enmarcado en el contexto pragmático y ecológico de una 'modernidad débil', y es aquí donde mejor puede entenderse su empeño por reconciliar la *utilitas* de la inteligencia urbana y la adecuación funcional con la *firmitas* de la innovación constructiva y la atención al reciclaje, y ambos con una *venustas* que suministra placer a través de la belleza. Horizontales en su oído atento al rumor de la ciudad, y verticales en su mirada inquisitiva a las huellas visuales del entorno construido, Sauerbruch y Hutton son sobre todo espíritus estratégicos que aspiran el aire del tiempo que viene, detectan las azarosas variaciones del gusto y levantan con tacto seguro las obras que mejor manifiestan ese cambio de paradigma que ha supuesto el 'giro climático'.

La violenta belleza de sus obras o la característica policromía de sus fachadas no deberían desplazar a un segundo plano la agudeza crítica con que interpretan el mundo en el que les ha tocado vivir, sacudido sucesivamente por colosales sismos económicos, sanitarios y geopolíticos, y todo ello en el marco del cambio climático, la digitalización de la economía y la robotización de la producción. Aceptando estos vendavales de la historia, pero sin renunciar a la resistencia reflexiva frente a las disfunciones materiales y sociales de un progreso tecnológico tan vertiginoso como ciego, los arquitectos saben reunir la construcción industrializada con la manufactura artesanal, el proyecto modular con el envejecimiento material, y la innovación inventiva con la lógica intemporal. Sus edificios son amables porque se insertan con inteligencia y respeto en la ciudad, y son sensuales porque apelan al disfrute a través de los sentidos: teselas del mosaico urbano, urdimbre y trama del tapiz de la vida, estas obras amables merecen ser amadas, estas obras sensuales merecen ser sentidas.

Tectónica topográfica

Grafton Architects

Yvonne Farrell y Shelley McNamara se graduaron en 1974 en el University College de Dublín, donde enseñarían entre 1976 y 2002, y en 1977 establecieron su estudio en una céntrica calle de la capital irlandesa que daría nombre a la oficina, desarrollando durante un cuarto de siglo una doble actividad de arquitectas y profesoras. Cofundadoras del activista Group '91, que durante los noventa renovó el barrio de Temple Bar, Farrell y McNamara ingresarían en el siglo XXI con dos importantes proyectos públicos en su ciudad —el Instituto de Urbanismo y el Ministerio de Economía— y un singular proyecto privado en Milán, la Universidad Luigi Bocconi, que a su finalización en 2008 haría de la oficina una referencia internacional. Ya en 2006 habíamos comentado el respeto que por su trabajo tenía Kenneth Frampton, y habíamos glosado su 'sensibilidad en penumbra', pero la violenta belleza de la obra milanesa, que amalgamaba inteligencia urbana con audacia estructural —y que nos apresuramos a visitar y publicar en *Arquitectura Viva*— disolvió la penumbra en resplandor, situando al estudio bajo los focos.

Un año después de terminar la extraordinaria Bocconi, *AV Proyectos* recogió su propuesta para la Escuela de Arte de Glasgow, frente al mítico edificio de Mackintosh —un esquema de rigurosa geometría que aunaba la racionalidad constructiva con la riqueza espacial de su sección, pero que no tuvo éxito con el jurado—, y en 2011 llegó el encargo del campus de la UTEC en Lima, una obra universitaria que seguía a las de Limerick y Toulouse, y cuya culminación celebramos con un artículo de Stanislaus von Moos que elogiaba el atrevimiento de la colosal megaestructura frente al Pacífico, relacionándola con las 'calles en el cielo' de los Smithson. El campus vertical de Lima, que tiene un vínculo evidente con el *béton brut* de las Unités de Le Corbusier y con la robusta expresividad de su admirado Paulo Mendes da Rocha, estuvo presente en su intervención de 2014 en el tercer Congreso de Pamplona, y en la extensa entrevista realizada con ocasión del mismo por el poeta y periodista Antonio Lucas, donde la belleza pragmática de su obra se asociaba a la responsabilidad cívica, y que acabamos publicando bajo el título de 'Un brutalismo amable'.

La obra musculosa y moral de Farrell y McNamara, capaz de reunir la fuerza estructural de Vilanova Artigas y Lina Bo Bardi con el brutalismo de su etapa de formación —y todo ello en un contexto de exigencia ética que se manifiesta en su atención al ámbito colectivo y urbano—, obtendría en los años siguientes un reconocimiento caudaloso, con el encargo del Edificio Marshall de la LSE en 2016, su nombramiento como directoras de la Bienal veneciana de 2018 o la Medalla de Oro del RIBA y el Premio Pritzker en 2020, saludado con un número de *Arquitectura Viva* que recogía sus últimas obras universitarias, pero que la pandemia impidió celebrar con la habitual ceremonia. El control del virus y la reanudación de viajes y reuniones en 2022 tuvo para las arquitectas una inesperada compensación, porque el Pritzker de ese año, otorgado a Francis Kéré, se entregó precisamente en el recién terminado edificio de la LSE, y las socias de Grafton Architects pudieron recordar su galardón con el burkinés y los premiados el año anterior, los franceses Anne Lacaton y Jean-Philippe Vassal, en una feliz combinación de excelencia ética y estética.

Hijos de Humboldt

Barclay & Crousse

Todos somos hijos de Humboldt, pero Sandra Barclay y Jean Pierre Crousse han hecho especiales méritos para ser dignos de ese título. El gran naturalista y geógrafo germano cruzó el Atlántico para explorar la América Hispana durante cinco años, entre 1799 y 1804, y al término de su viaje se estableció en París, donde hasta 1827 ordenó y publicó en 33 volúmenes lo recogido en su expedición científica. Los arquitectos peruanos, tras graduarse en Lima, hicieron el viaje inverso dos siglos después, afincándose en París para absorber todo lo que el Viejo Continente podía ofrecerles, y retornar a su país de origen para materializar en obras los frutos de su experiencia transatlántica. En cierta medida, su fascinación con el territorio tropical americano, que descubren con ojos nuevos al volver de Europa, evoca la mirada deslumbrada e inquisitiva del explorador alemán, y su énfasis en la naturaleza del territorio y las atmósferas del clima como elementos definitorios de la arquitectura invita a vincularse con la visión holística del científico que alumbró su *Naturgemälde,* la representación de la unidad de la naturaleza, en su ascensión a las alturas de los Andes.

Si la subida al Mont Ventoux del poeta Francesco Petrarca en 1336 es un hito en la percepción estética del paisaje, el ascenso al volcán Chimborazo por Alexander von Humboldt en 1802 marca el momento crucial en lo que su biógrafa Andrea Wulf llama 'la invención de la naturaleza', al contemplarla como un entramado de vida, «entrelazado con mil hilos», vinculando sus experiencias en los Alpes, los Pirineos o el Teide con lo visto en la expedición botánica que le llevó desde la costa del Pacífico hasta la cumbre nevada de Chimborazo. Era «un microcosmos en una página», que el científico resumió con el extraordinario dibujo de la sección transversal del volcán. «Había una sola vida —escribe Wulf— derramada sobre las piedras, las plantas, los animales y los seres humanos», y esta visión, que antecede la contemporánea percepción ecológica del planeta (matizada por Maren Meinhardt, que subraya sus orígenes ilustrados y sus vínculos con el Romanticismo alemán), es sin duda la que ha inspirado también la reciente novela del colombiano William Ospina sobre la expedición de Humboldt, *Pondré mi oído en la piedra hasta que hable.*

Barclay y Crousse ponen sus oídos en la piedra hasta que habla, y el resultado es una obra de densidad material, inteligencia climática y aliento poético que se extiende a lo largo del borde oceánico del país, y donde cada edificio se genera en la interpretación del paisaje, para crear microcosmos definidos más por la sección que por la planta. Desde su estudio en la que la historiadora del arte Patricia Ciriani ha denominado 'Lima la sublime' —una ciudad que en 1964 fue sin embargo descrita por el poeta Sebastián Salazar Bondy como 'Lima la horrible'—, los arquitectos asumen las imperfecciones y la precariedad del entorno profesional y social para levantar arquitecturas que «veneran la Tierra» y que poseen «el sentido profundo de lo que permanece». El libro de Ospina se abre con una cita del *Patmos* de Hölderlin, y quizá ninguna sea mejor para cerrar la presentación de la obra de estos dos hijos de Humboldt: «Cierto, hemos venerado la Tierra, nuestra madre, / Después la luz del Sol, en la ignorancia, / Mas lo que quiere el Padre que reina sobre todo / Es que sea guardada la letra inalterable, / Y que sea revelado el sentido profundo / De lo que permanece».

Perímetro pentagonal

Nieto Sobejano

Al aproximarnos a la obra de Fuensanta Nieto y Enrique Sobejano surge la tentación pentagonal de cartografiar el perímetro de su estrategia proyectual con cinco párrafos en secuencia vocálica. El primero de ellos se fija en su *autobiografía artística,* porque muchas de sus arquitecturas son autorretratos que recogen en forma de citas su experiencia de otras obras, y ninguna más evidente que su propia casa en Sant Feliu de Guíxols, donde las referencias que consignan a la casa de Le Corbusier para su madre, la Muuratsalo de Aalto y, sobre todo, la Malaparte de Capri y la de Utzon en Mallorca se amalgaman en una construcción de perfección maniática.

En segundo lugar, la referencia a la música a través del diálogo con el entorno que se manifiesta elocuentemente en el Centro Arvo Pärt en Laulasmaa ilustra bien el empeño de los arquitectos en facilitar *encuentros evocadores,* donde el rigor esencial de la estructura resistente o el espacio funcional evita los recursos escenográficos para conformar un lugar de fertilización cruzada entre el paisaje natural y el artificio cultural, una hibridación que va más allá de los vacíos de forma pentagonal o el bosque de pilares, que ensayan una traducción material del minimalismo sacro del compositor estonio para expresar su condición orgánica.

Imaginar formas capaces de resumir lo específico de un proyecto o lo singular de un cliente es un tercer elemento característico de su enfoque: una labor que reúne la documentación laboriosa y el registro de lo evidente con la inspiración que alumbra la idea inesperada, y la *identidad intuitiva* que reflejan obras como la Montblanc Haus en Hamburgo, con esa fachada icónica que combina, en un logo oscuro como la tinta, los trazos de la escritura y el perfil del macizo que da nombre a la firma, es un excelente ejemplo de cómo la invención puede abreviar en un gesto el prolongado proceso de búsqueda de lo que hace diferente cada obra.

Orquestar conceptos contradictorios obliga a dejar atrás la claridad transparente de lo obvio y asumir una cierta ambigüedad interpretativa que linda con el hermetismo, y de esa *opacidad oximorónica* que es el cuarto rasgo de su trabajo da buena cuenta el Archivo de las Vanguardias en Dresde, porque si en otras obras la combinación de opuestos se encomendaba a la profundidad superficial o a la repetición diferente, el recurso retórico resulta aquí especialmente apropiado, como subrayan los autores, con el contraste entre la gravedad del archivo y la ligereza vanguardista que el edificio expresa con solidez liviana y peso ingrávido.

Uniendo usos, edificios e instituciones en una zona histórica del norte de París, el proyecto actualmente en curso de la Cité du Théâtre muestra bien la ambición de la que cerraría este quinteto de intenciones de Nieto y Sobejano, la *urbanidad unitaria* donde se manifiesta el pragmatismo constructivo y la inteligencia ciudadana que permiten componer un bodegón teatral cuya suma de piezas existentes y nuevas otorga coherencia a un fragmento metropolitano, reconciliando espacio público y ruina restaurada, construcción y jardín, futuro y memoria, para llegar hasta el último párrafo y la última vocal de este pautado perímetro pentagonal.

Realidad aumentada

Herzog & de Meuron

La oficina de Basilea usa la realidad aumentada en su exposición londinense, pero no es seguro que la necesite. Desde su fundación en 1978, el estudio de Jacques Herzog y Pierre de Meuron ha explorado con tanta intensidad la materialidad de la arquitectura, y ha construido edificios de tan extrema sugestión táctil, que no es fácil adivinar lo que puede añadir la visualización digital. Y aunque es cierto que su colaboración con fotógrafos como Thomas Ruff o Andreas Gursky ha producido imágenes memorables, la gravedad sólida de sus obras nos ha animado a usar siempre texturas de fachada en las cuatro monografías y dos volúmenes que les hemos dedicado. En la Royal Academy, un icono asociado a algunos de los objetos expuestos permite usar la aplicación descargada con un código QR para activar diferentes experiencias de realidad aumentada, y de hecho algunos visitantes utilizan sus teléfonos para mirar a través de esa ventana virtual. Pero las tres salas de muestra pueden disfrutarse sin necesidad de apoyos digitales, porque tanto la multitud de piezas como las imágenes y vídeos contienen tal densidad de información sobre los procesos de creación arquitectónica que hacen olvidar el móvil en el bolsillo. Goethe escribió que «pocos son capaces de imaginar la realidad», y los suizos exhiben en Londres su prodigiosa capacidad de imaginar la realidad, aumentada o no, para hacer de cada proyecto una investigación al límite.

Dispuesta en tres espacios sucesivos, que sin mucha dificultad pueden asociarse a la tríada vitruviana, la presentación de la obra de Herzog & de Meuron transita de la *venustas* de la primera sala, con las huellas materiales de la concepción de veinte proyectos elegidos, a través de la *utilitas* de la segunda, donde se exhiben vídeos y la película de Ila Bêka y Louise Lemoine sobre los pacientes del REHAB, y hasta la *firmitas* de la tercera, que usa el Kinderspital para mostrar los elementos que componen un edificio complejo.

Los objetos, maquetas y dibujos que quedan como residuos o trazas del proceso creativo se muestran en las mismas estanterías con vitrina usadas en su Kabinett, el gran archivo de la firma en Basilea, y resultan fascinantes para cualquiera, aunque sin duda sacarán más partido de su examen los que estén familiarizados con la obra de los suizos. La proyección del trabajo de los cineastas tiene la dimensión crítica habitual en su filmografía, y emociona la experiencia de los que se esfuerzan en su rehabilitación, en el marco ejemplar de una clínica que hace ya dos décadas imaginó una forma distinta de concebir las arquitecturas de la salud. Y el hospital infantil de Zúrich sirve como ejemplo de la atención singular que debe darse a los niños enfermos —materializada en la reproducción a escala 1:1 de una habitación en planta y fachada—, pero también del entendimiento de un gran edificio como una pequeña ciudad, y sobre todo de la complejidad de un proyecto de este tipo, manifiesto en la segregación luminosa de sus áreas y elementos, desde la malla estructural y los núcleos de comunicación hasta la organización de fachadas y cerramientos interiores, en el mural que cierra la exposición.

El acto inaugural se subrayó con la intervención de tres de los autores en el auditorio de la Royal Academy, escarpado como un teatro quirúrgico: Pierre de Meuron —'Commons'— explicó la importancia que para ellos tienen la gobernanza de los bienes comunes, y lo ilustró con el proyecto brasileño de Arena do Morro y el suizo de

Sion; Christine Binswanger —'Care'— glosó la pertinencia actual de los centros sanitarios, centrándose en los dos presentes en la exposición, el REHAB y el Kinderspital; y Jacques Herzog —'Curiosity'—recorrió minuciosamente el proceso creativo experimentado por los Calder Gardens en Filadelfia, en una lección de arquitectura que lo fue también de imaginación artística, y tan exquisitamente fenomenológica que uno esperaba el remate de su largamente esperada Highway Chapel, pero este proyecto esencial quedó en las estanterías de la primera sala y en las páginas y la cubierta del catálogo. La presentación coral de la oficina se extiende por cierto a esa publicación, donde las 21 obras elegidas —solo 11 de las cuales están presentes entre las 20 expuestas en la sala inicial— se comentan por hasta once socios diferentes, entre los cuales los *senior partners* Ascan Mergenthaler, Stefan Marbach y Jason Frantzen, que junto con Christine Binswanger forman la guardia pretoriana de Jacques Herzog y Pierre de Meuron. Con casi 600 personas en la sede de Basilea, H&deM ha llegado a ser una firma global sin perder sus raíces locales, pero sobre todo manteniendo intacta su capacidad de enfrentarse a la realidad sin abdicar de su instinto experimental. El pájaro de los *Four Quartets* de T.S. Eliot señaló famosamente que «humankind cannot bear very much reality», pero la obra de los arquitectos suizos lo desmiente caudalosamente.

Agónico agosto

Jean-Louis Cohen, Peter Buchanan

Agosto fue más cruel que abril. El calor sofocante y los incendios abrasaron las portadas, pero al mundo de la arquitectura se le heló el corazón con las muertes de Jean-Louis Cohen y Peter Buchanan, un francés y un británico que intervinieron en la disciplina a través de la escritura: el historiador Cohen, una figura central de la cultura arquitectónica, falleció el 7 de agosto en su casa de Ardèche, tras sufrir una reacción alérgica a la picadura de una abeja; y el crítico Buchanan, que transitó sosegadamente de la influencia a la marginalidad, llegó al final de su vida el 23 de agosto en una residencia de ancianos en Londres, tras el progresivo deterioro causado por un cáncer terminal. Formados ambos como arquitectos, los recordaremos por sus libros, sus artículos y sus exposiciones, que han contribuido a documentar la modernidad y a cartografiar el panorama contemporáneo.

Nacido en París en 1949, en el marco privilegiado de una aristocracia intelectual, judía y comunista, Cohen puso su infinita curiosidad e inagotable erudición al servicio de sus inquietudes políticas y sus convicciones estéticas, explorando pioneramente asuntos como las arquitecturas de la II Guerra Mundial o lo que llamó 'americanismo', la influencia de la construcción estadounidense en las vanguardias europeas. Fue precisamente mi artículo en *El País* sobre su gran muestra de 1992 'Américanisme et modernité' el que elegí para incluirlo en *Maestros de escritura,* pero hubiera sido igualmente razonable homenajearlo con 'Architecture in Uniform', la admirable exposición de 2011 en el CCA de Montreal. Su generosa amplitud de conocimientos e intereses —que en nuestras revistas se plasmó en textos sobre Mies o Prouvé, sobre Siza y Office, cuyas monografías presentó, e incluso sobre el hormigón, al que había dedicado un volumen— le llevó a escribir una historia arquitectónica del siglo XX bajo el insólito título *The Future of Architecture Since 1889,* basada en los cursos que impartió en la New York University desde 1994, y que reseñé críticamente, reprochándole el protagonismo exagerado de todo lo francés, algo quizá inevitable en alguien que dedicó varias exposiciones a Le Corbusier, entre las cuales la del MoMA en 2013, que exploraba un tanto forzadamente su dimensión paisajística —y que sin embargo fue la base de una monografía de *AV*— o que defendió al maestro frente a las revisiones de que fue objeto por su vínculo con Vichy.

Pareja de la ilustre socióloga especialista en vivienda Monique Eleb —desaparecida en el mes de mayo, con la que escribió algún libro, y a la que le divertía que muchos la conociéramos como Eleb-Vidal, por el nombre que usaba en su anterior matrimonio—, y padre de dos hijas, el historiador abordó también lo contemporáneo, desde acontecimientos como el 11-S o la guerra de Ucrania, sobre los que escribió en *Arquitectura Viva,* o proyectos sobre autores próximos, como su inconcluso catálogo razonado de Frank Gehry o la que sería su última exposición, dedicada a Paulo Mendes da Rocha e inaugurada en junio en Oporto. Ese mismo mes intervine con él en un seminario parisino sobre 'Le rêve européen', reprochándome Jean-Louis la mención elogiosa de la Declaración Schuman de 1950, porque a su juicio la Unión Europea era al cabo un producto de la Guerra Fría; una discrepancia cordial que reiteró cuando unos días después me envió el texto de su intervención, con una nota en castellano de este consumado políglota que finalizaba con un deseo: «Me gustaría que un día pudiéramos mantener un debate serio sobre la historia política de Europa y el legado político de la Guerra Fría». Ese debate ya no se realizará, pero la herencia teórica e histórica de Cohen seguirá presente en la conversación arquitectónica e ideológica de todos. Su gran amigo de juventud, François Chaslin, lo describía a Isabelle Regnier en *Le Monde* como «un acantilado intelectual», y efectivamente la obra que deja tiene una grandeza y una solidez intimidante. Su último artículo en *Arquitectura Viva,* hace ahora un año, versaba sobre los usos de la historia para los arquitectos, y ese es sin duda su más fértil legado, porque lo seguiremos leyendo durante mucho tiempo.

Buchanan, por su parte, había nacido en Malaui en 1942, pero tras sus estudios en Ciudad del Cabo se instaló en Londres para trabajar como arquitecto y finalmente como periodista, convirtiéndose en el alma de *The Architectural Review* durante la década de los ochenta. Desde allí promovió la arquitectura española, familiarizándose íntimamente con el paisaje profesional de Madrid y Barcelona, y colaborando con *AV* y *Arquitectura Viva* desde la fundación de esta última en 1988: para dar una idea de lo prolífico de su producción, basta señalar que solo hasta 1995 había publicado en ellas más de dos docenas de textos, tanto sobre autores españoles como sobre lo más destacado del panorama internacional. Cuando el *Review* fue comprado por una gran empresa en 1992, y su redacción trasladada de la doméstica sede en Queen Anne's Gate a una colosal oficina compartida por numerosas publicaciones, Peter tomó la decisión de abandonar la revista, trabajando primero para su admirado Renzo Piano en la edición de los cinco volúmenes de la obra completa, que aparecerían entre 1993 y 2008, y sobreviviendo después con artículos y conferencias.

Había intervenido en nuestro primer seminario, celebrado en Madrid en 1989 con William Curtis, Alex Tzonis y Liane Lefaivre o Tom Reese, y siguió viniendo a España hasta los congresos de 2012 y 2016 en Pamplona, donde entrevistó tanto a Anna Heringer y Solano Benítez como a Dietmar Eberle y Winy Maas, mostrando una admirable ductilidad que no le impedía pespuntear sus textos con referencias a la arquitectura de Piano, una referencia tan importante en su trabajo como la conciencia ecológica que inspiró sus últimos artículos. El que cerraría sus tres décadas con nosotros apareció en diciembre de 2021, y en él se unía a Kenneth Frampton y a Vittorio Magnago Lampugnani para censurar el canon arquitectónico promovido por el *New York Times*. Alejado de los círculos influyentes, pero tenaz en sus convicciones y crecientemente solitario, pasó su última etapa en la residencia donde falleció. En marzo me informó de su enfermedad, pidiéndome una lista de sus artículos y los datos de contacto de Fernández Alba, Moneo y Navarro Baldeweg, personas para él claves de una arquitectura que tanto había ayudado a promover, en una triste ceremonia de los adioses. El mío fue por teléfono, y me alegró saber, a través de Renzo Piano, que Shunji Ishida —con quien había trabado amistad en la época del proyecto de Kansai— pudo visitarlo a principios de agosto, un mes que, en efecto, habría de ser cruel con la arquitectura y con la memoria.